U0806295

漫画中国哲学

青少版

清至民国

历史的天空蒙着纱

魏 雁 著　　王彦开 绘

商务印书馆国际有限公司

中国·北京

图书在版编目（CIP）数据

清至民国：历史的天空蒙着纱 / 魏雁著；王彦开绘. -- 北京：商务印书馆国际有限公司，2021.9
（漫画中国哲学）
ISBN 978-7-5176-0857-8

Ⅰ. ①清… Ⅱ. ①魏… ②王… Ⅲ. ①哲学史－中国－通俗读物 Ⅳ. ① B2-49

中国版本图书馆 CIP 数据核字（2021）第 160659 号

清至民国：历史的天空蒙着纱
QING ZHI MINGUO : LISHI DE TIANKONG MENGZHE SHA

著　　者 魏雁
绘　　者 王彦开
出版发行 商务印书馆国际有限公司
地　　址 北京市朝阳区吉庆里 14 号楼佳汇国际中心 A 座 12 层
邮　　编 100020
电　　话 010-65592876（编校部）
　　　　 010-65598498（市场营销部）
网　　址 www.cpi1993.com
印　　刷 北京中科印刷有限公司
开　　本 880mm×1230mm 1/32
字　　数 94 千字
印　　张 5.75
版　　次 2021 年 9 月第 1 版第 1 次印刷
书　　号 ISBN 978-7-5176-0857-8
定　　价 42.00 元

版权所有・侵权必究
如有印刷质量问题，请与我公司联系调换。

自　序

中国当代著名哲学家冯友兰先生说："用中国一句老话说，哲学可以给人一个'安身立命之地'。就是说，哲学可以给人一种精神境界，人可以在其中'心安理得'地生活下去，他的生活可以是按部就班的和平，也可以是枪林弹雨的战斗。无论是在和风细雨之下，或是在惊涛骇浪之中，他都可以安然自若地生活下去。这就是他的'安身立命之地'。"

看到冯老说的这几句话，我突然明白了自己这几年努力的意义。其实这种感触一直埋在我的心里，但我却苦于没有能力总结出来，这可能就是大师与普通人的区别吧。

如今大师已去，可普通人的生活还在继续。普通人虽然普通，但我们也需要"安身立命之地"，尤其是寒窗苦读、升学压力巨大的孩子们。

为了这个不小的目标，我开始尝试用一种青春活泼、幽默风趣的语言来讲述哲学，希望更多人在青少年时期甚至人生的更早阶段就能明白哲学中蕴藏的奇妙道理，希望这些道理能陪伴他们、支撑他们以一种充满智慧、满心愉悦的状态生活在天地之间。

《漫画中国哲学》（青少版）这套书共 4 册，重点参考了冯友兰《中国哲学史》、司马迁《史记》、梁漱溟《中国文化的要义》等，引入正在准备高考的哥哥大哲和马上小升初的弟弟小哲两个青春活泼的漫画人物，从探寻中国哲学的源头出发，一路寻找。周公旦会教给他们什么？如果孔子和墨子遇上了，会大吵一架吗？一个舂米的小哥哥为啥能成为禅宗六祖？鼎鼎大名的宋明理学到底讲了些什么？清朝灭亡后，中国哲学走向何方……

为了更加直观易懂，我们特邀新生代插画师王彦开为这套书绘制了漫画。他的画真是有着说不出的灵秀之气，让人不时捧腹。

来来来，咱们手拉手，说走就走，一起开启这段奇异智慧的哲学之旅吧！

魏雁

目录 CONTENTS

第一章

明末清初，宋明理学遭批判

王阳明之后的明朝怎么样了呢？

应该说还算可以。虽然那时东南一带倭寇（wō kòu）骚扰不断，但神勇的戚继光带兵平定了这帮海盗，也为下一步的“隆庆开关”做了准备。

嘉靖之后，国家任用能干的张居正辅佐朝政，先是开通了东南沿海的海上贸易通道，史称“隆庆开关”，接着又是隆庆新政，一时之间充满了中兴的气象。

然后就到了万历年间，历史的舞台迎来了明神宗。由于明神宗不理朝政，缺官现象非常严重，很多工作都不能照常进行。

明神宗为啥不好好上班呢?

据说是因为大臣们一直逼他立太子，他很不开心，打算撂（liào）挑子不干了。

什么?

再生气也不能不上班啊！毕竟，这是你们朱家自己的事儿啊！

简直了！

皇帝罢工，不仅政府缺人难办事，就连边防线都出了问题。在东北，深受明神宗信任的辽东总兵李成梁腐化堕落，大肆谎报军情，骗取军功封赏，纵容努尔哈赤扩大势力，致使明末边患严重，并最终导致清军入主中原。

《明史》说:“论者谓明之亡,实亡于神宗。”

明朝最后一位皇帝是崇祯(zhēn),其实他是很想做一番事业的。他在1627年8月即位,12月就逼迫东厂头子、大坏蛋魏忠贤自缢(yì)而死。他一方面勤俭自律、励精图治,试图重现大明皇朝当年的辉煌景象;但另一方面,他又疑心重重,频繁更换和滥杀大臣,以致众叛亲离。

1644年,崇祯皇帝在煤山(今北京景山)自缢,清军入关,明朝灭亡。

这一年,距离王阳明去世115年。

新的统治者坐拥天下，他们以元朝蒙古人的做法为前车之鉴，对中原地区的汉人采取的是怀柔政策。嗯，说白了就是一边拉拢、一边提防（dī · fang）。

在明末清初这段痛苦的交接期，中国的思想界是一番怎样的景象呢？

汉人中的高级知识分子们在流离逃亡的生活中发现，看起来神乎其神的宋明理学，对黎民百姓一点用处都没有啊！对改变国家的现状一点用都没有呀！

不行！

要彻底清算宋明理学，要寻找孔孟本来的思想！孔孟思想是教人经世致用的，要改造这个现实世界，要反清复明，就必须得靠原汁原味的孔孟思想才行！

那时的哲学界涌现了一大批学者，他们做了大量校订考据的工作，旨在还原儒家思想本来的面貌，尤其是汉朝时儒家思想的要旨。

为啥是汉朝？

因为“两汉经学，所以当尊行者，为其去圣贤最近” 。

明白了没？因为汉朝时的儒学距离孔孟思想最近，所以我们要学习这个！

这批人因此被称为“汉学家”，这种治学方法被称为“考据学”，或者“朴学”。用梁启超的话说就是：其治学之根本方法，在“实事求是”，“无征不信”。其研究范围，以经学为中心，而衍及小学、音韵、史学、天算等等。

这些人中的杰出代表有三位，也就是被誉为“明清三大学者”的王夫之、顾炎武和黄宗羲。

他们都有些什么样的思想主张呢？真的都是对宋明理学的批判吗？

可以说，他们三个人对宋明理学的批判是进阶而行的——王夫之是在批判中继承；顾炎武呢，就已经是全面清算了——对，不仅全面清算心学，也不喜欢程朱理学；到了黄宗羲，就已经力倡限制君权、保障民权啦！

换句话说，就是一个比一个彻底——要彻底扭转宋明理学维持了近千年的局面。

第一节 王夫之：对宋明理学的批判式继承

王夫之的父亲是研究《春秋》的，叔父是研究《庄子》的，家学渊源使他的学问快速增长。他年轻时就读于岳麓（lù）书院，自然地也受到朱熹思想的影响。可以说，他是一个坚定的儒家。

但在那个清军入关、明朝败落的大时代背景之下，一心想要报国的他，去哪里报呢？

王夫之一生中的大部分时间都在想办法抗击清军，扶助南明小朝廷。屡次失败之后，他便到荒山之中隐姓埋名。用八个字形容他当时的状态就是“栖伏林谷、随地托迹”——说直白点就是，树林山谷，走到哪儿歇哪儿。

那时候清政府也想重用他，可是他坚决不为清廷服务。

晚年的王夫之隐居于石船山麓，并在此著书立传，自署船山病叟、南岳遗民，学者称他为“船山先生”。

王夫之一生颠沛（pèi）流离，但著述颇丰，涉及面极广，真的是百科全书式的人物。

王夫之在历史、文学等方面的成就我们暂且不说，只沿着哲学的主题说说他对宋明理学是如何批判继承的。了解清楚之后，或许我们就可以理解为什么他的哲学思想会成为近代启蒙思潮的渊源之一。

第一，心学认为人天生就该具有最好的理以及至善的良知，按照心中的良知行动就好；如果有恶念，行善去恶就好。但是王夫之认为不是这样的，人不是生来就懂得这些的，知识是后天获得的。他主张，人应该凭借感官、心智进入世界万物之中，去探寻、总结事物的规律，这才是认识世界的正确途径。所以王阳明主张的是“知行合一”，而王夫之主张的是“行先知后”。

嗯，他的意思就是，人对生活、世界及其规律的认识，是从具体的实践行为中得来的。“力行而后知之真”，实践之后才能清楚地了解其中的道理——这个说法已经很接近“实践是检验真理的唯一标准”这句话的意思了。

在提出“行先知后”这一观点的同时，王夫之还提出“行可兼知，而知不可兼行”。意思就是说，实践、行动的时候，还有余力的人就会思考，就会发现规律；但靠心悟出来的道理、理论却不可以代替行动。换句话说吧，就是只有亲身经历，才能真正懂得。

到此，王夫之还没有结束对知行的思考，他又进一步说：“知行相资以为用。”“并进而有功。”嗯，总之知和行都很重要，要并肩而行，互相参照，一起进步。

对，就这么干！

第二，二程（程颢[hào]和程颐[yí]）主张要存天理、灭人欲，王夫之则坚决反对禁欲主义，提倡不能离开人欲空谈天理，天理即在人欲之中。他终结了天理、人欲之间长期对立的局面，比较合理地调和了人伦规范与主体欲望之间的关系——社会是由一个个活泼的个体组成的，每个个体都有他自己合理的欲望，但这并不会影响整个社会秩序。

第三，王夫之在批判的同时，也创造性地继承了张载的气本论。他认为:“尽天地之间,无不是气,即无不是理也。”气是物质实体,理是客观规律。人所要做的就是通过眼耳口鼻身,通过读书思考,去认识、总结这些规律。

第四,王夫之把宇宙看作是生机盎(àng)然、永远运动、日新月异的。他强调自然、社会、人生始终处于变动之中,也肯定与时俱进的儒家精神。

立足于明末清初的社会现实,对中国古代哲学有批判、有继承,正是王夫之鲜明的特征。他不讲什么主义,而专注的是哲学对现实人生和现实世界真正的指导意义。

我并没有讲什么主义，只是在说我认为的事实罢了。
后人说您是中国古代朴素唯物主义思想的集大成者，您怎么看？
什么是唯物主义？

第二节 顾炎武：坚决清算心学，也不喜欢程朱理学

顾炎武是明末清初另一个百科全书式的人物。他和王夫之在反清复明这一主张上，是完全一致的。

为了抗清，他几十年都在到处奔波。这期间，既有来自清廷追捕的风险，也有被自己人背叛出卖的情况。幸亏他吉人自有天相，多次入狱，幸而获救；获救后依然初心不改，继续为南明劳苦奔波。

也许是小时候妈妈教导他的有关岳飞、文天祥的故事一直扎根在他心里，也许是他头脑中坚定的儒家思想让他穷尽一生而不悔。“我愿平东海，身沉心不改。大海无平期，我心无绝时”，大概就是作为抗清急先锋的他对自己心迹的剖白吧！

他到处张罗、联络，只可惜南明大势已去。南明灭亡后，他在北京的外甥家里住过一段时间（那时已经是康熙年间了），清廷派人请他入朝为官，他坚决不干。

70 岁那一年，顾炎武从友人家骑马出门，上马时不小心踏空，摔下来，后来呕吐不止，数日后去世……

顾炎武一生有几件遗憾的事：一是为反清复明奔波了一辈子，结果是清朝的江山坐得越来越稳；二是不断纳妾，却始终没得到一个儿子（有过一个儿子，但体弱多病，4 岁就没了）；三是未完成《山东考古录》……于国于家于己都如此，离世时，他的心里不知有多凄凉……

这位百科全书式的大才子，朴学的开山鼻祖，他在哲学上的主张有哪些呢?

顾炎武坚决反对明朝哲学界那种空疏的学风，他倡导的是朴实的归纳考据法。他要的是经世致用，是一点一滴、一件事一件事地为这个世界真正做点什么。他说:“保国者，其君其臣肉食者谋之;保天下者，匹夫之贱与有责焉耳矣。”后来梁启超将这句话总结为八个字:“天下兴亡，匹夫有责。”

从哪里着手呢?学习!

他说:“君子之为学，以明道也，以救世也。”也就是说，学习就是为了明白大道，为了匡救世事。

怎么才能学习好呢?他说，做学问，必先立人格。

什么样的人格呢?“礼义廉耻，是为四维。”

礼义廉耻

对，有了高尚的人格、扎实的学问，然后将“博学于文”和“行己有耻”有效结合，这就是顾炎武哲学的核心内容。嗯，再解释一下：一个高尚的人要获取广博的知识，就要吸取以往社会的经验、教训，并以此为理论基础，在行动时懂得鉴别，懂得该怎么做、不该怎么做。

他还提倡“利国富民”，大胆怀疑君权，提出了具有早期民主启蒙思想的“众治”主张。如果说他提出经世致用、礼义廉耻的观点，我们还可以理解，那么在那时候就能提出“众治”的主张，就真的很难得了！要知道，他可是一直都生活、成长在封建统治的环境之中，而且他所知道的之前的历史也基本都是中央集权制啊。嗯，也许这就是哲学家与普通人的不同之处吧！

第三节 黄宗羲：中国思想启蒙之父

黄宗羲，世称“梨洲先生”，明末清初又一百科全书式的大学者。

黄宗羲的父亲本来是明朝的高官，但是后来被魏忠贤一党给害死了。虽然魏忠贤后来也被清算，但是年轻勇敢的黄宗羲继续上书，要求皇帝继续清除阉（yān）党余孽（niè），就是直接害死他父亲的许显纯、崔应元等人。

果然是刚强少年啊！

1644 年，明崇祯皇帝自缢而死，清军入关。从此，黄宗羲就开始了长达 18 年的抗清之路，其间艰辛离乱颠沛流离，加之家庭变故，实在难为外人道！

他 50 岁那年（已经是康熙年间了），眼看着清朝的江山越坐越稳，他的心也有些淡了。之后他便开始开馆讲学，期间几次拒绝清廷邀请，一直安静著述。

临终前，他在给亲人的信中写道："年纪到此可死；自反平生虽无善状，亦无恶状，可死；于先人未了，亦稍稍无歉，可死；一生著述未必尽传，自料亦不下古之名家，可死。如此四可死，死真无苦矣！"

他还总结说，我这一辈子啊，年轻时为清除阉党余孽而奔忙，中年时成了游侠，最后却在儒林之中定了身。

这就是黄宗羲的故事，说起来文字不多，过起来九死一生。

那么，一代大儒黄宗羲的哲学主张有哪些呢？

他有一篇文章《原君》，对君主这个角色进行了深入的剖析。他说，设立君主的本来目的是为了"使天下受其利""使天下释其害"。也就是说，人们选君主，是要君主负担起抑私利、兴公利的责任。对于君主，他的义务是首要的，权利是从属于义务之后为履行其义务服务的。君主只是天下的公仆而已，可是后来的君主却"以天下之利尽归于己，以天下之害尽归于人"，还说什么天下都是我家的，这可是不行的！

由此推演，黄宗羲提出了"天下为主，君为客"的民主思想。他说"天下之治乱，不在一姓之兴亡，而在万民之忧乐"，主张以"天下之法"取代皇帝的"一家之法"，从而限制君权，保障人民的基本权利。

是不是很敢想？

黄宗羲算不算是中国民主思想的启蒙之父？

在君臣关系上，他也很有自己的见地。“天下不能一人而治，则设官以治之。是官者，分身之君也。”他认为，从本质上来说，“臣之与君，名异而实同”，君和臣是共同治理天下的人。因此，君主就不应该高高在上，也不要宣扬什么“君为臣纲”“君要臣死，臣不得不死”的老教条。而且，他认为皇帝自己干得不好，就该自觉点，逊（xùn）位让贤。

是不是很敢说？

估计皇帝听到要被气晕了！

黄宗羲对做人有一句建议，说得特别棒：“大丈夫行事，论是非，不论利害；论顺逆，不论成败；论万世，不论一生。”意思是说，男子汉大丈夫做事，看的是对、错这样原则性的问题，而不是对自己有利还是有害这样狭隘（ài）的标准；男子汉大丈夫，看重的是自己的行为顺应还是违背历史潮流，而不是成功还是失败这样的结果；男子汉大丈夫，看重的是万世之功、万世的意义，而不是这一世的功名。

瞧瞧，多远大的眼光！

《鹿鼎记》里面确有顾炎武、黄宗羲两位的故事，咱们摘几段看看：

忽见南边大道上两个人戴着斗笠，并肩而来，走到近处，认出了面貌。那文士大喜，道："是你黄伯伯，顾伯伯来啦！"快步迎将出去，叫道："梨洲兄，亭林兄，哪一阵好风，吹得你二位光临？"

右首一人身形微胖，颏下一部黑须，姓黄名宗羲，字梨洲，浙江余姚人氏。左首一人又高又瘦，面目黝黑，姓顾名炎武，字亭林，江苏昆山人氏。黄顾两人都是当世大儒，明亡之后，心伤国变，隐居不仕，这日联袂来到崇德。顾炎武走上几步，说道："晚村兄，有一件要紧的事，特来和你商议。"

这文士姓吕名留良，号晚村，世居浙江府崇德县，也是明末、清初一位极有名的隐士。他眼见黄顾二人脸色凝重，又知顾炎武向来极富机变，临事镇定，既说是要紧事，自然非同小可，拱手道："两位请进去先喝三杯，解解寒气。"当下请二人进屋，吩咐那小孩道："葆中，去跟娘说，黄伯伯、顾伯伯到了，先切两盘羊膏来下酒。"

……

第二章

晚清至民国，路在何方？

虽然清初各种反清复明活动此起彼伏，但最后也都偃（yǎn）旗息鼓，满、汉慢慢融合，大家一起好好过起了日子。

虽然在生活中好好过起了日子，但思想既然已经看到了新的方向——民主、众治，大家，尤其是有识之士就不会再甘于做专制集权下的小傀儡（kuǐ lěi）被奴役了。明末清初的启蒙思想就像一个小火花，只是暂时被深藏了起来，等待时机成熟之时，再来燎原。

对，现在的时机还没有成熟，因为人们的日子还过得去。清朝前期的几位皇帝也都很不错，清朝也迎来了长达 134 年的“康乾盛世”。这是中国古代封建王朝的最后一个盛世。在此期间，中国人口增长迅速（突破了 3 亿）、疆域辽阔。

可是盛世之下，也隐藏着巨大的危机，国富民穷就是最突出的问题。

1793年，马戛尔尼使团（马戛尔尼，英国近代著名政治家，曾率领使团以给乾隆皇帝祝寿为名抵达中国，实际是想通过谈判打开中国市场，最后无功而返）就在中国目睹了触目惊心的贫困：百姓一见使团丢掉一些死猪死鸡，便争先恐后跳下海去捞；使团吃剩的饭菜、用过的茶叶，他们也总是贪婪地争抢，还要千恩万谢，然后拿回家煮水喝。即便是在乾隆时代，民众吃糠咽菜的史料记载也比比皆是。

官员贪腐问题尤其严重，乾隆朝位高权重的和珅（shēn），光是贪污的白银就有八万万两，相当于国库10年的收入呀！不贪腐或者说不敢贪腐的官员呢，积极性也越来越不高，吏治越来越坏。

光阴如白驹（jū）过隙，时间就这样过去了近 200 年。

历史来到了 19 世纪中叶，那个永远不能忘却的年代……

1840 年，复仇女神号开到广州，鸦片战争爆发。

为啥英国人会突然开船过来打仗呢?

是这样的:

1840 年之前，清政府开辟了广州一个口岸给外国人做生意。清廷当时想的是，我们中华大地幅员辽阔，什么好东西没有?！谁还需要买你们的外国货? 结果就是，外国人口袋中大把大把的白银通过购买茶叶、丝绸、瓷器等流到了中国人的口袋里。

英国政府尤其不爽啊，凭啥?

于是他们找到了比中国的茶叶更让人上瘾的东西——鸦片。

英国人将成箱的鸦片从印度偷运到广州，第一次鸦片战争前夕，已经有 200 万人成了吸食鸦片的瘾君子。

皇帝急了，这可如何是好？

就在这时，林则徐盛装出场了！

林则徐这个人还是很有办法的。他一到广州，先是贴出布告，说鸦片对我国公民的身体健康造成损害，使人精神萎靡（wěi mǐ），所以限期上缴，不缴就怎样怎样，说了一大堆。

但是，这么暴利的生意，外国人怎么会愿意上交鸦片？当他们傻吗？！

好，不交是吗？来，包围广州整个商馆区，食物不准进入，几百万军队围在外边大声操练，锣鼓敲起来，整夜整夜地吵！

不给吃的还各种恐吓，各种超大分贝噪音配合。一番折腾后，外国人受不了了，乖乖地交出鸦片。这些鸦片被全部销毁！

英国政府很生气，后果很严重!

正是在这个时候，英国海军驾着全球第一艘装甲战舰复仇女神号冲过来了!

英国海军对广州进行了一年多的强势攻击、狂轰滥炸，清政府顶不住了，请求议和。

英国要求支付之前销毁的所有鸦片的费用以及战争费用。

而且还有香港!

正是在此时,《南京条约》签订,香港岛被割让给了英国,那一天是 1842 年 8 月 29 日!

从此以后,中国就进入了惨不忍睹的战败、求和、协议、开放口岸、割让土地、再战争、再求和、再割让的苦涩循环!

感觉心都要碎了,要拿出来补补才行……

一直以为天下唯我独大、也确实有过如此辉煌历史的清王朝，在 19 世纪中叶，如此轻易地被西方的坚船利炮轰开了国门！

大火燎原的时机来到了……

从那时开始一直到清廷灭亡后很多年，以往平静地、祥和地、深入地思考哲学问题，与政治一直若即若离的哲人们再也没有享受过那样深刻美好、谈笑有鸿儒的时光了。他们纷纷走出书房，他们要用自己的头脑、自己的双手为这个民族寻找出路，比如严复、谭嗣同、梁启超。

就在他们努力思考的过程中，看不到希望的国人揭竿而起了。

1911 年，辛亥革命爆发。1912 年，隆裕太后代替溥（pǔ）仪在退位诏书上签字，清朝灭亡。

接下来，到了民国时期。

这是上一段历史结束之后、下一段历史开启之前的中间地带，要往哪里去？中国历史上找不到先例。环顾世界，有搞民主共和的，也有君主立宪的，还有专制独裁的；再看看左右，谋士们一人举着一杆旗，公说公有理，婆说婆有理，大家都互相望着，等待有人拿出个切实可行的办法来。

那真是一段混乱的时光啊！是啊，一种持续了两千多年的制度结束了，要选择一种什么样的制度来接替，这种惶惑需要多久才能消失？这种选择需要多久才能决定下来？确实很烧脑，很费神！

究竟路在何方呢？

第一节 严复认真介绍西学

严复本是穷人家的孩子，穷人家的孩子要有出息，就必须付出加倍的努力和辛苦。

在当时洋务运动的洪流中，严复先是进入福州船政学堂学习，后来因为成绩优秀被选拔到英国学习——从中国到英国，过山跨海，他是中华儿女之中第一批放眼看世界的人之一。

在英国，他在学习技术的同时，也受到了英国启蒙运动的影响，对达尔文、赫胥（xū）黎、亚当·斯密等人的学说有了了解。

几年后他学成归来，回到福州船政学堂工作，不过走的时候他是学生，回来的时候他成了老师。

在那个时代，凡是有一点民族心的人，都在用自己微小的力量为贫弱的中国积攒着希望。

李鸿章等人主导的洋务运动，主张引进西方技术，以求富、自强为目标，造船、开矿、修铁路、建纺织厂、创办新式学校、选送留学生出国深造等，其中现代化军队，尤其是海军的发展简直就是整个国家的救命稻草。

那棵草上，也有严复浇灌的水滴！

可惜啊，1895 年，中国在中日甲午海战中惨败，清政府被迫签订《马关条约》，澎湖列岛被割让给日本，中国又有一部分被硬生生地割开……

洋务运动就此失败！举国之下，多少人多少年的经营化作泡影！

严复的很多同学、学生也都死在那场战火之中……

悲恸（tòng）中的严复明白了：洋务运动救不了中国！

马尾造船厂
封条
下一步该怎么办？
12艘战舰全军覆没了吗？
全军覆没……

那么多年的筹谋，究竟为何会全军覆没？

历史记载，北洋水师自从 1887 年“致远”“靖远”“来远”“经远”号到华后，直至甲午战争爆发，再未购置一舰一炮。而日本直到战争爆发前仍一直在购舰。

据说中国也曾想向智利购买先进的“白朗古·恩卡拉达”号战舰，但智利方面不断涨价，最后表示无论中国出多少钱都不卖了。有人说，是日本人从中阻拦。

战后的研究对比还发现，当时不管是机动力还是火力，北洋水师都处于严重劣势——北洋水师没有加装速射炮。没有速射炮也就算了，我们装弹装得快点就好；然而，就连弹药也是严重不足！

这种战斗，换了谁去都是难以取胜的。甲午海战失利，败在整个国家的弊病，不是北洋水师的错，其实也不该因此否定洋务运动的积极意义！

该怎么办？

该怎么办呢？

您别伤心了，日本舰队当时是亚洲第一，实力确实太强了。
下一步该怎么办？
对呀，严老师，是实力相差太悬殊了。咱们吃饱饭再慢慢想办法。

有识之士请严复一起，为民众翻译西方的著作，了解西方人的思想——那些个金发碧眼的人，脑子里面到底在想啥？真的就那么不一样吗？

中国人有句古话叫作“知己知彼，百战百胜”。严复受到了鼓舞，于是勤加翻译，著名的中文版《天演论》很快出版！

鼓民力、开民智、新民德，这兴许才是真正的强民之本！

是，必须要努力！

然后怎么做？

办学！

严复先是参与创办了复旦公学，也就是今天的复旦大学，后来又被袁世凯任命为京师大学堂总监督（后京师大学堂正式更名为北京大学，总监督改称为校长）。虽然在位仅仅 5 个月，但他以私人之名向比利时银行贷款，使得北大未被当时教育厅因经费缺乏的理由而关闭，以一己之力为中国保住了一颗伟大的种子！

他是中国第一个提出要德智体全面发展的人，第一个在中国创办俄语学校的人。

在那个时代，他得了很多个“第一”，可每一个“第一”都很苦——万事开头难啊！

但是，袁世凯当上了临时大总统，请严复出来做事，他积极响应；袁世凯复辟称帝，他也很是支持；康有为帮助张勋复辟，他又很是支持；北大校长蔡元培支持学生运动（五四运动），他还批评蔡先生不识时务。

晚年的严复似乎从一个先进的时代呐喊者变成了滞后者。

他年轻的时候也曾说过，社会总是要向前发展的，可是他又为什么支持复辟呢？原因很复杂，而且众说纷纭（yún），我们就不讨论啦！感兴趣的朋友可以自己去了解一下哦。

67 岁的严复心力交瘁，回到自己的老家福建。他在给朋友的信里面说：以前喜欢看的哲学、历史也都渐渐失去了兴趣，只是不死而已。

68 岁，长期受哮喘折磨的他，安静地去世了。

【严复的思想主张】

在同时代的人中，严复受西学影响算是很深的，他也是第一个将西学系统地介绍到中国的人。他挑灯夜读，他振臂高呼，他认真介绍西学，他给国人打开一扇窗——来，看看那些黄头发白皮肤的人，看看他们到底在想些啥！

好吧，现在我们就来看看他给国人介绍西学的课堂的黑板上，都画了哪些重点？

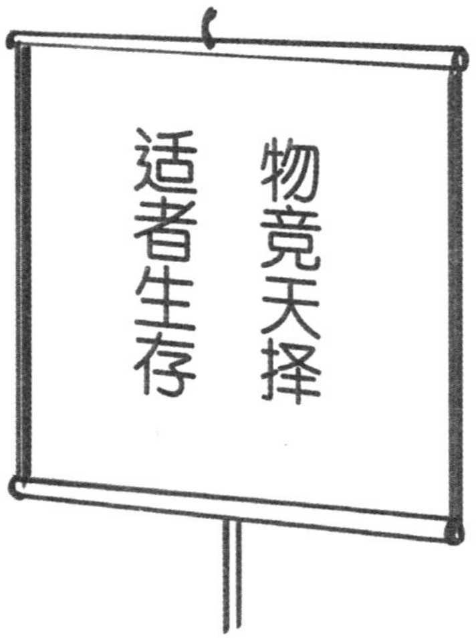

严复信奉达尔文的生物进化论，所以翻译了《天演论》(原名为 *Evolution and Ethics* 的演讲稿与论文集，达尔文的好朋友、英国生物学家赫胥黎所著)。

进化论主张生物界物种的进化及变异是自然选择的结果，是优胜劣汰的结果。

进化论这一更符合科学精神的观点与基督教一直主张的亚当、夏娃因为偷吃禁果而怀孕生人，因而人类一出生便负有原罪的基础观点是完全不同的。

生物进化论的观点一出，震惊了整个欧洲学术界与宗教界。

严复还翻译了英国哲学家斯宾塞的《社会学研究》(*The Study of Sociology*)，并将其命名为《群学肄言》（肄，读作 yì）。

斯宾塞认为，社会历史同生物机体一样，也是不断进化的，支配生物界的原则其实也是支配社会发展的根本原则。他认为在社会中，国家之间、民族之间、人与人之间，必然也要进行“生存竞争”。

严复将以上观点带给国人，向正在遭受列强欺辱的中华民族提出“物竞天择，适者生存”的观点，号召国民崛起、自强，真是非常有意义的 。

明白咱中华民族必须要崛起了，接下来要怎么做呢？

严复在另一本书《原强》中提出，一个国家的强弱存亡决定于三个基本条件：一曰血气体力之强，二曰聪明智慧之强，三曰德行义仁之强。也就是要体、智、德全面发展，要鼓民力、开民智、新民德！

鼓民力，就是全国人民都要有健康的体魄，要禁绝鸦片和禁止缠足恶习。

开民智，主要是以西学代替科举。

新民德，主要是废除专制统治，实行君主立宪，倡导“尊民”。

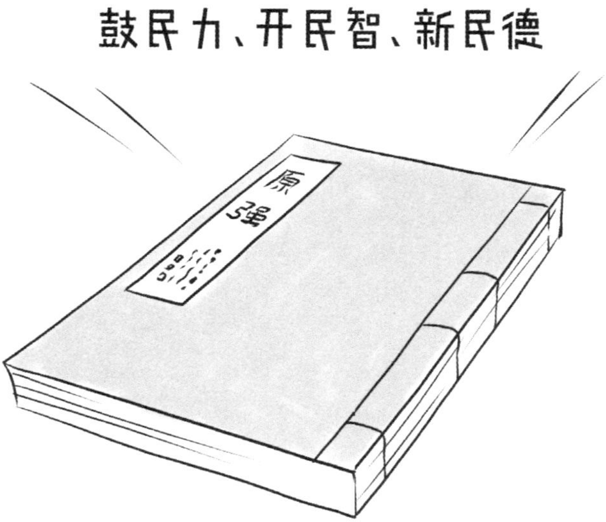

鼓民力、开民智、新民德。
不能再吸鸦片了，要锻炼好身体啊！
奶奶，可不能再给孙女缠小脚了哦！

严复还很重视妇女教育。他对当时上海经正女学的创办大为赞赏，认为这是中国妇女摆脱封建礼教束缚的开始，也是中国妇女自强的开始。他主张妇女应和男子一样，既要读书，也要参加社会活动。

严复还对赋税的职能、作用有很多新认识：纳税是公民的义务，而政府征税后也要用之于民。他说："赋税贡助者，国民之公职也，取之于民者，还为其民。"

怎么样？他是不是思虑周全、思路清晰，超厉害的？

梁启超称赞严复：“于中学西学皆为我国第一流人物。”

胡适也称赞道：“严复是介绍西洋近世思想的第一人。”

第二节 好男儿谭嗣同

谭嗣同比严复小 11 岁。但谭嗣同 33 岁时就被清廷杀害，所以 1898 年那个秋天之后的很多事，谭嗣同都再也看不到了。

1865 年—1898 年，他的生命就定格在这短暂的 33 年之中。

这 33 年间的中国，是一个怎样的局面呢？

鸦片战争后，清廷发起洋务运动以图自强，全国各地办新学、开矿山、修铁路、开船厂、建海军。

然而中日甲午海战，北洋水师全军覆没，之后便签订了屈辱的《马关条约》。

洋务运动宣告失败，接下来的救命稻草在哪里？有识之士都心急如焚！

是啊，这确实是中国酝酿（yùn niàng）近代思想的一个重要阶段。中西学术激烈碰撞，各种思潮纷纷涌动，许多有识之士夜不能寐、彻夜长思——这就是晚清那一段难熬的时光。

年轻的谭嗣同在想些什么呢？

有人说晚清这一段历史，其实是关于家国、君臣，是关于出世、入隐；是极端的国难、极端的生死、极端的失败和极端的成功，是在极端的两极之间寻找常态、发现平衡。

也有人说，晚清，名义上距离帝国已经如此遥远，但距离实质上的帝国仍然如此接近。

什么意思呢？

就是名义上洋务运动搞了几十年，似乎都是新气象，但只要维新人士再往前走一步，就会发现，一个老模老样的帝国，还苟延残喘却充满威严地站在那里，阻挡你的脚步。

谭嗣同当时还给自己的妻子写了一封信说："朝廷毅然变法，国事大有可为。我因此益加奋勉，不欲自暇自逸。……我此行若出意外，夫人益当自勉。视荣华如梦幻，视死辱为常事，勿喜勿悲，听命天然。"

谭嗣同的预感是对的，他此行确实遭了意外。因为，当时朝廷的实权并不掌握在想要变法的皇帝这儿。

1898年9月5日，光绪帝下诏授予谭嗣同、刘光第、杨锐、林旭四品卿衔军机章京，参与变法。

次日，他又召见谭嗣同，对谭嗣同说：“汝等所欲变者，俱可随意奏来，我必依从。即我有过失，汝等当面责我，我必速改。”

皇帝确实很诚恳，四位血气方刚的维新人士也都真的很感动！他们曾满怀希望地以为，接下来教育制度改革、政治制度改革、经济改革，一切都大有可为！一切都充满着希望！

但当时的局势对光绪帝很不利。

9 月 18 日，谭嗣同夜访袁世凯，劝说其诛杀荣禄，围园劫后，解救光绪帝。

袁世凯自知慈禧太后手握实权，围园劫后几乎没有胜算，所以他打算观望一两天。

就是这一两天，决定了戊戌（wù xū）六君子的生死，也决定了中国历史的走向。

那时，同样支持变法的梁启超也赶去看望谭嗣同。

谭嗣同劝梁启超出逃日本，为未来的中国保存有生力量，他自己则选择直面死亡。

李敖著作《北京法源寺》改编的同名话剧中，梁启超曾经问谭嗣同：你不怕死吗？

谭嗣同说：我也怕，不过是我的肉身怕。我的肉身并非真正的我，正所谓目中有身，心中无身，把自己变成虚妄，肉身也就成了虚妄。虚妄过后一无所惜一无所恋，灵魂驻世把妄成真。这才是佛家正解！才是大慈悲！

谭嗣同说：“各国变法，无不从流血而成。今中国未闻有因变法而流血者，此国之所以不昌也。有之，请自嗣同始！”

门口安全。
梁启超
墙上安全。
为何一定要以身赴死？
各国变法必有流血！

9月21日，掌握实权的慈禧太后决定训政（光绪帝再无实权），下令捉拿维新派人士。

到9月24日，6名变法人士全部被捕。

话剧《北京法源寺》中谭嗣同还说，此时的中国已到了亡国的边缘，他愿以个人之躯打破数亿民众的意识桎梏（zhì gù），就好像在集体潜意识的湖面上投下一枚石子，抑或用生命化作一道闪电，去惊醒那些沉睡的人！

他说：我像一个女人一样，深深地爱着大清。我毁灭自己的身体，是拿它去投掷腐朽、投掷这个不堪的大清，我必须要找到一个必须去死的理由，作为变法人士变法失败了，我有殉难的义务。

他在监狱的墙上写下这样一首诗：

望门投止思张俭，
忍死须臾待杜根。
我自横刀向天笑，
去留肝胆两昆仑。

高山一般巍峨的气魄，大海一样壮阔的胸怀。那是一个残酷的时代，也是一个塑造英雄的时代。

我自横刀向天笑，
去留肝胆两昆仑。
为什么一定
要流血呢？
他本来
可以逃
跑的！

9月28日，北京宣武门外菜市口。6名变法人士，谭嗣同、康广仁、林旭、杨深秀、杨锐、刘光第一起被执行死刑，史称“戊戌六君子”。

【谭嗣同的哲学思想】

谭嗣同是一个对佛学很有体悟的人。他对佛学研究很深，却心系国家、苍生。站在佛家的角度，他是大慈悲；站在儒家的角度，他是大仁义！

可以说，他是一个以佛入儒的人。但他的儒可不是孔子的儒，不是传统的儒，他对儒有着自己的理解。

什么样的理解呢？

我们到他的著作《仁学》中去找找答案。

谭嗣同在书中杂糅（róu）儒、释、道、墨各家和西方资产阶级自然科学、社会政治经济学说，形成了一种独特的哲学体系。

站在晚清那个时代交叉口的谭嗣同，一方面继承着中国传统的儒、释、道，一方面又受到大量西方思想的冲击，思想真的是不杂糅都不行。

那他到底杂糅出了一套什么样的哲学体系呢？

谭嗣同认为，世界是由物质的原质构成的，其本体是“仁”，世界的存在和发展都是由于“仁”的作用，所以他的哲学被称为“仁学”。

看来谭嗣同的哲学核心是“仁”，那么他心中的“仁”到底是什么呢？

他认为，“仁”的内容除了包括一部分传统儒家所说的伦理道德之外，还应该包括佛教的慈悲、基督教的平等博爱、西方的民主思想等。

哦，明白了，原来谭嗣同心中的“仁”不是孔子所说的“仁”，他的“仁”是杂糅了各方思想的一个大概念，一个集合了所有真善美的综合体。

那这样的“仁”要怎么实现呢？他提出了一个“通”字。

这个“通”包含四个方面：中外通、上下通、男女通、人我通。“通”就是“同”，意思就是“平等”，也就是要民族平等、政治平等、男女平等、经济平等。只有实现以上四个方面的平等，才能到达“仁”的境界。“仁”是他心中理想世界的标准。

为什么要强调这四种平等？因为现实中正在这几处存在着不平等，所以他旗帜鲜明地将批判的锋芒指向民族压迫、封建等级、男尊女卑和贫富不均。

怎么实现这些平等呢？

第一，要想争取平等，就得有民权。

谭嗣同强烈反对封建君主制度，他认为正是持续了两千多年的中央集权、儒表法里的文化结构使得士大夫和全体民众甘心为奴。如今清朝已经摇摇欲坠，封建专制是该打破的时候了！

谭嗣同大力提倡民权至上。

他的民主思想应该是受到了王夫之的影响，他曾说："惟船山先生纯是兴民权之微旨。"

他还说，君主的产生从历史上说是民选的，而不是子孙相袭、万古相传的；君和民的关系应该是"因有民而后有君，君末也，民本也"。

是的，他不仅彻底批判了封建君主专制制度，他还把君主从九重宝座上拉下来。

他渴望建立君民之间的平等关系，急切期待资产阶级民主政治在中国社会能够得到实施——虽然后来梁启超等人的实践证明，民主政治在当时的中国确实存在水土不服的问题，但在此之前，谭嗣同对民主抱有相当的期望也是完全可以理解的。

第二，要想人人平等，就得打倒“三纲五常”。

谭嗣同强烈抨（pēng）击三纲五常。注意，传统儒家中，孔子说的是君君臣臣、父父子子。这是谭嗣同不能接受的，他要的是人人平等。

孔子是基于社会有序运转的理性思虑，谭嗣同是要建设一个新世界的高声呐喊。

谭嗣同在描述自己心中“仁”的境界时，还引入了西方哲学中“以太”的概念。

“以太”是古希腊哲学家亚里士多德设想的一种物质，是万事万物构成的基本要素，有点像宋明理学家说的“气”。

这个“以太”是“不生不灭”的。

宇宙间各种事物只有“变易”，没有“存亡”，只有“聚散”，没有“生灭”。

也就是说，条件具备了，一个物体就形成了；经过一定的时间，这个物体又消亡了。

但不管物体形成还是消亡，组成物体的“以太”的多少并没有变化，就像能量守恒定律一样。

这些由“以太”组成的物体从成长、壮大到衰弱、死亡，无时无刻都在变化之中。

谭嗣同的核心主张是，不管是自然界，还是人类社会，都不是静止的、停顿的，而是不断运动、变化和发展的，是日新月异的——这正是他维新变法的哲学依据。

哦，明白啦！因为人类社会本就应当是日新月异的，所以人要推进变法，要用变法来推进社会变新。

什么样的“新社会”呢？

就是那个包含了各种美好元素的“仁”的境界。

其实，相比于哲学家这个身份，谭嗣同更像是一个斗士！一个无畏地冲着一个庞大的旧世界呐喊着要摧毁它的革命斗士！

钱穆说：“《仁学》宗旨，在于冲决网罗。”

殷海光说：“谭嗣同是近代中国解放思想的一个典型。他的思想不太成熟。词意之间充满悲怆凄厉的气氛；又有一股湖南辣子味冲鼻而来。”

谭嗣同以死明志，而与他结拜为师兄弟、逃亡到日本的梁启超呢？他有没有像谭嗣同希望的那样，真正成为中国未来的有生力量？在下一阶段，在谭嗣同已经无法参与的下一阶段的历史中，梁启超有没有实现曾经对挚友谭嗣同的承诺呢？

第三节 绚丽猛烈的梁启超

【梁启超其人】

戊戌变法失败后，梁启超本来准备同谭嗣同一起赴死，但谭嗣同对他说：“不有行者，无以图将来；不有死者，无以酬圣主。”（圣主指的就是光绪皇帝）于是他奔天津到日本，是亡命，也是求索。

慷慨赴死很难，但有时候活着更难！

梁启超在日本接触各方思想，受到很多启发。

在中国该向何处去的问题上，他开始主张向君主立宪和平转型，即保留皇帝，成立议会来决定国内大事，极力避免革命流血。

他通过与革命派（革命派主张不要皇帝了，重搭台子另唱戏，建立中华民国）在报纸上的大辩论，启发了同时代许许多多中国人的思想，让很多有识之士了解到，除了封建帝制，原来还有宪政这条路可以走，而且当时已有很多国家走得很成功。

号外号外，快来看革命派和立宪派的大论战！

就在两方激烈辩论的时候，1911 年 10月 10日晚，湖北新军工程第八营的革命党人打响了武昌起义的第一枪，辛亥革命由此爆发！

1912 年，隆裕太后代替溥仪在退位诏书上签字，清朝灭亡。梁启超主张的君主立宪看来是不可能实现了。

但新上台的中华民国大总统袁世凯准备推行宪政，梁启超开心地从日本回国积极参与。

但议会选举中的权力斗争太过激烈，袁世凯越来越倾向于走复辟之路。还是梁启超，联合自己的学生蔡锷（è）密谋反袁。云南起兵，全国响应，仅做了83天皇帝的袁世凯下野。

一年半后，张勋和康有为二次复辟。梁启超说服段祺瑞出兵讨伐，仅仅12天的复辟闹剧落下帷幕。

复辟肯定不对，宪政又难以实施，中国到底该何去何从？

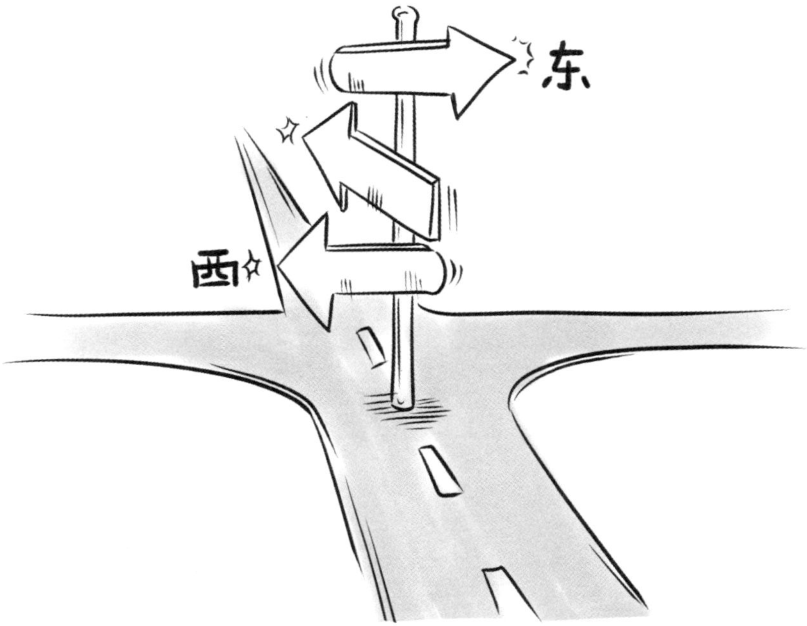

梁启超在思考，可是昔日的老师、如今因协助复辟失败而仓促逃跑的康有为还生气地大骂率军讨伐自己的梁启超。

第一次世界大战期间，梁启超审时度（duó）势，说服段祺瑞加入大概率会取得胜利的英美一方，战后便可以战胜国身份取缔（dì）清廷签订的各种不平等条约。

战后的巴黎和会上，日本企图继承德国在山东的权益，是在国外的梁启超立即发电报给林长民，要求他在国内报刊上大声疾呼；而正是林长民的大声疾呼，促发了爱国学生的五四运动以及巴黎代表团的集体拒绝签字。

从戊戌变法到五四运动，从君主立宪的尝试到袁世凯、张勋复辟的失败，从宣布参加一战到巴黎和会拒绝签字，从1898年到1919年，发生在中华大地上的每一件大事背后，似乎都有他——梁启超的影子。

如果谭嗣同地下有知，应该也会满意地笑一笑吧——当年留下梁启超这支有生力量的决定，看来是对的！

五四运动后，他放下政治进入大学任教，学术成果卓著。他在清华授课，风度翩翩，光芒四射，讲到《桃花扇》，伤心便哭，开心便笑，一派率真。

他老时患病，小便见血，给女儿写信时说，如厕时不看就不知道有血了，真觉得没有关注的必要。后来病重，因笃信西医而入协和医院手术，但切下来的肾内并未有诊断时所说的“善性的瘤”。一时间，“将健康的肾割去，而留下坏死的肾”的谣言，传得沸沸扬扬。他为了不让西医在国内之推广受到阻力，亲自写文章登报为协和解释。他不想国人刚刚尝试着接受西医就被吓坏了，他知道西医是科学的，是值得提倡的。

康有为年老凋零，死后都无钱置办丧葬，是梁启超寄去100多元才按期入殓（liàn）的。他在家大哭三日，为曾经的老师，大概也为那段青春岁月，为那一路的努力吧——虽然康有为有的主张和方向是错的。

这就是梁启超。

1943年，梁漱溟先生在《纪念梁任公先生》（梁启超，号任公）一文中曾经这样说道:“在距今四十年前，在思想界已造成了整个是他的天下。在距今三十五年前后的中国政治全为立宪运动所支配，而这一运动即以他为主。……我们简直没有看见过一个人可以发生像他那样广泛而有力的影响。”

时人评价梁启超：“其出现如长彗烛天，如琼花照世，不旋踵而光沉响绝，政治学术两界胥不发生绵续之影响。——此正任公之特异处。”

这就是别人眼中的梁任公。

【梁启超的思想主张】

当时，梁启超主张君主立宪，是改良派；孙中山、黄兴等诸多人士主张革命，是革命派。他们的出发点、具体考量到底都有哪些呢？

我们去有梁启超、黄兴以及大哲小哲的微信群里了解一下。

议题一：革命是不是一定要流血？

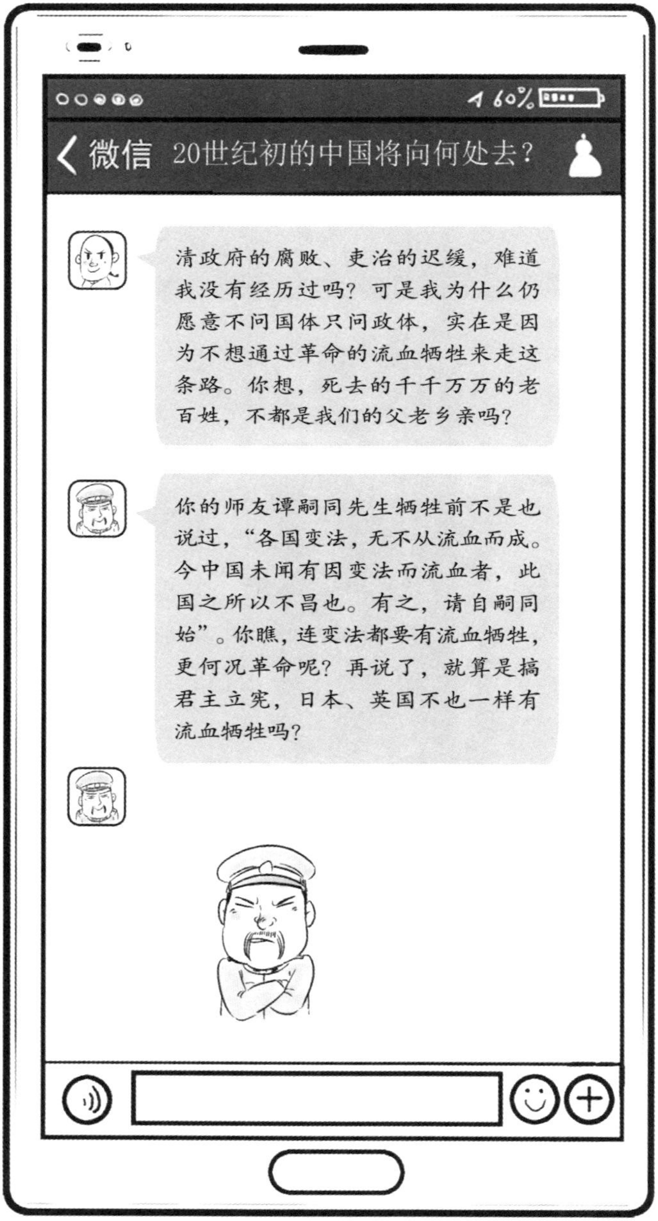
60%
微信 20世纪初的中国将向何处去？
清政府的腐败、吏治的迟缓，难道我没有经历过吗？可是我为什么仍愿意不问国体只问政体，实在是因为不想通过革命的流血牺牲来走这条路。你想，死去的千千万万的老百姓，不都是我们的父老乡亲吗？
你的师友谭嗣同先生牺牲前不是也说过，“各国变法，无不从流血而成。今中国未闻有因变法而流血者，此国之所以不昌也。有之，请自嗣同始”。你瞧，连变法都要有流血牺牲，更何况革命呢？再说了，就算是搞君主立宪，日本、英国不也一样有流血牺牲吗？

议题二：目标是共和，路径呢？

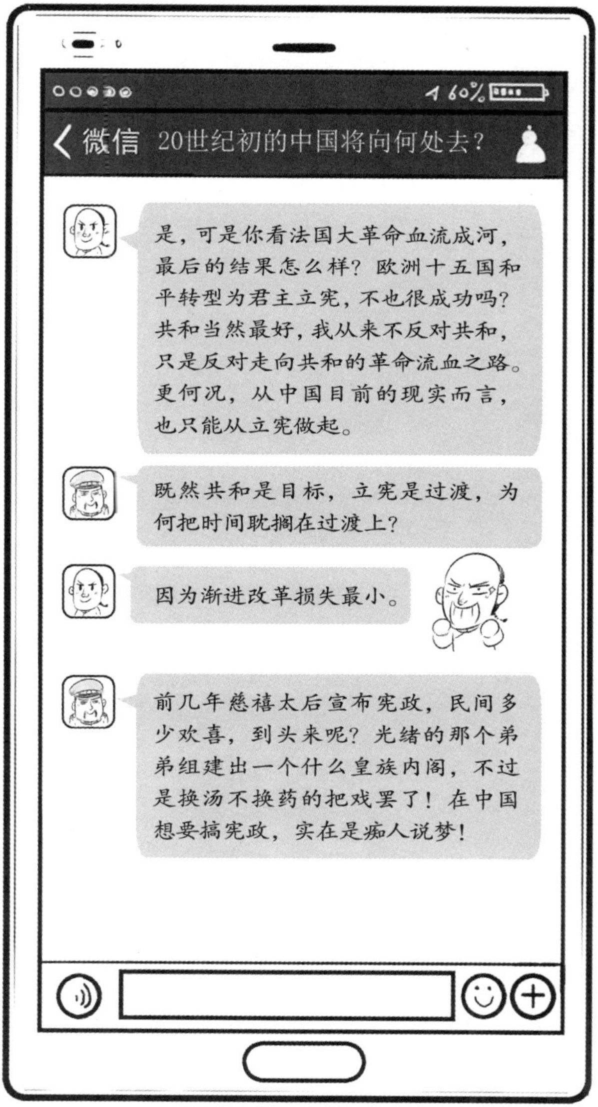

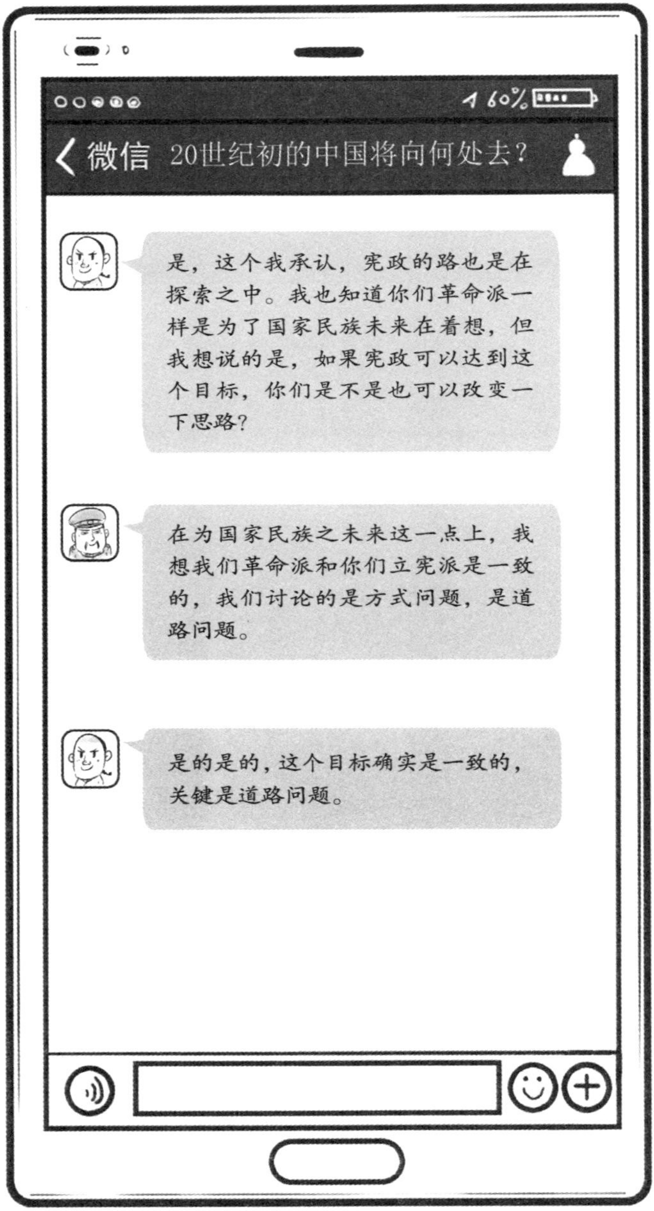
60%
微信 20世纪初的中国将向何处去？
是，这个我承认，宪政的路也是在探索之中。我也知道你们革命派一样是为了国家民族未来在着想，但我想说的是，如果宪政可以达到这个目标，你们是不是也可以改变一下思路？
在为国家民族之未来这一点上，我想我们革命派和你们立宪派是一致的，我们讨论的是方式问题，是道路问题。
是的是的，这个目标确实是一致的，关键是道路问题。

议题三：历史总要往前走，关键是怎么个走法。

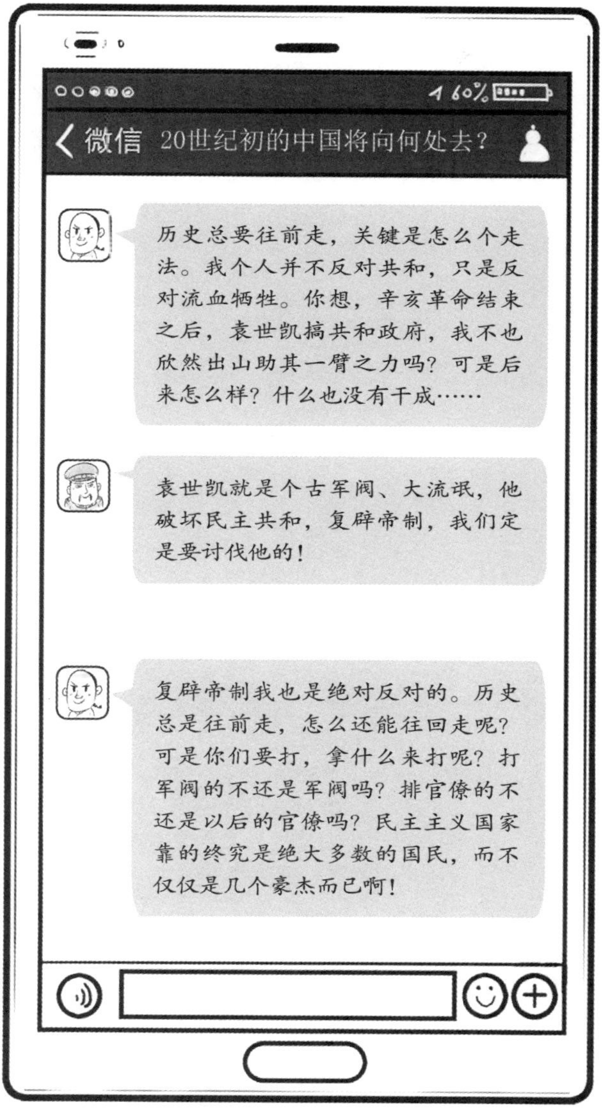

议题四：关于民族、民权、民生

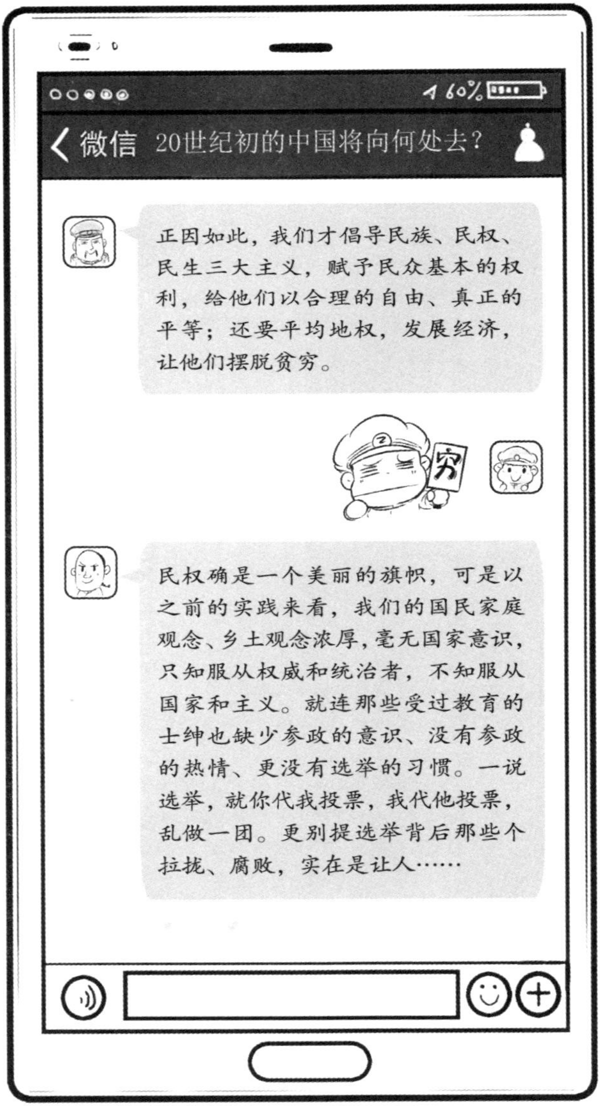

议题五：为今之计，什么才是根本？

小结一下：

回顾20世纪初期这段历史，中国确实处在一个选择的十字路口。在这个路口，一辈辈华夏儿女都在不断地领悟和学习。可是明明在不断学习，却又为何不断失败呢？

我们引用梁漱溟先生在《东西文化及其哲学》一书中的分析，来试着理解一下：

中国自从明朝徐光启翻译《几何原本》，李之藻翻译《谈天》，西方化才输到中国来。

……

后来到咸同年间，因西方化的输入，大家看见西洋火炮、铁甲、声、光、化、电的奇妙，因为此种是中国不会的，我们不可不采取它的长处，将此种学来。

所以，那时曾文正、李文忠等创办上海制造局，在制造局内译书，在北洋练海军，马尾办船政。

这种态度差不多就几十年之久，直到光绪二十几年仍是如此。

……

这时候全然没有留意西洋这些东西并非凭空来的，却有它们的来源。

它们的来源，就是西方的根本文化。

……

及至甲午之役，海军全体覆没，于是大家开始晓得火炮、铁甲、声、光、化、电不是如此可以拿过来的，这些东西后面还有根本的东西。乃提倡废科举、兴学校、建铁路、办实业。

……

大家又逐渐着意到政治制度上面，以为西方化之所以为西方化，不单在办实业、兴学校，而在西洋的立宪制度、代议制度。于是大家又群趋于政治制度一方面，所以有立宪论与革命论两派。

……

后来的结果，立宪派的主张逐步实现；而革命派的主张也在辛亥革命成功。

……

但是这种改革的结果，西洋的政治制度实际上仍不能在中国实现，虽然革命有十年之久，而因为中国人不会运用，所以这种政治制度始终没有安设在中国。

于是大家乃有更进一步的觉悟，以为政治的改革仍是枝叶，还有更根本的问题在后头。

此种觉悟的时期很难显明的划分出来，而稍微显著的一点，不能不算《新青年》陈独秀他们几位先生。他们的意思要想将种种枝叶抛开，直截了当去求最后的根本。

所谓根本就是整个的西方文化……而最根本的就是伦理思想——人生哲学……

到了此时，已然问到中西文化最后的根本了。现在对于东西文化的问题，差不多是要问：西方化对于东方化，是否要连根拔掉？

中国人对于西方化的输入，态度逐渐变迁，东方化对于西方化步步的退让，西方化对于东方化的节节斩伐！

到了最后的问题是已将枝叶去掉，要向咽喉去着刀！要将中国文化根本打倒！

我们很欢迎此种问题，因为从前枝枝节节的做法，实在徒劳无功。此时问到根本，正是要解决的时候，非有此种解决，中国民族不会打出一条活路来！

然而中国文化的活路在哪里呢？

晚清至民国这一段社会思潮的问题在于，大家在批驳清政府的腐败、政治体制的阻塞时，将埋怨的心迁移到了中国的传统文化上——中国国力衰弱是因为其政治体制不好，政治体制不好是因为其传统文化不好。说到底，是中国的伦理思想有问题；说到底，中国文化需要被连根拔起，然后才能完全按照西方的标准建设一个新中国。

是这样吗？

当然不是！中国文化不该被连根拔起，也不可能被连根拔起！

其实，一个民族在苦难中挣扎的时候，哺育它的文化也在挣扎。

所有被几千年华夏文化哺育成长的华夏子女，应该怎么做？

站在华夏哲学长廊上的两位回望者，用了一生的时间在帮我们寻找答案……

第三章

中国古代哲学回望

混乱但也涌现出一大批仁人志士的晚清至民国时期最终还是随着历史的脚步走入了我们的记忆深处。

1949 年 10 月 1 日，崭新的中华人民共和国成立了！

后来的人们是幸运的，他们不用像严复那样深感无力，不用像谭嗣同那样喋（dié）血于菜市口，也不用像梁启超那样四处奔走呼号。虽然结果未如人意，但他们所做的依然是珍贵的，那些焦急的奔走、赤诚的探索、牺牲掉的活生生的生命，都将被所有人记住。他们宛如历史长河中永远矗立的一块块丰碑，每一滴流过来的河水，都经过他们的浸润，带着他们的勇气……

如果沿着他们的足迹溯（sù）游而上，我们还会看到王夫之、王阳明、朱熹、二程、慧能、董仲舒、孟子、庄子、荀子、孔子、老子……他们都是立于华夏文明这条河流中的一块块丰碑，他们连起来，构成了中国哲学意蕴广大、光亮灿烂的长廊。

20 世纪中期以后，这个长廊上站着两个回望者，他们是被称为“中国一代儒宗”的马一浮和“中国最后一位大儒”的梁漱溟。

作为回望者，他们会给这挣扎的中华民族以什么样的答案呢？他们会给这绵延两千多年的哲学长廊以什么样的思考和小结呢？

第一节　一代儒宗马一浮

马一浮出生于晚清（1883 年），他是一个从旧时代走进新时代的人。

他留过洋，却没有被西化，而是成为 20 世纪一个纯粹的“儒学卫道士”。

他目睹了晚清的残破羸（léi）弱，也经历了辛亥革命的激情澎湃，但他最喜欢隐居，却越隐越显，北大校长蔡元培、浙大校长竺（zhú）可桢（zhēn）等都曾请他出山。

他是一个特别的人，一个在很长的时间里为世人甚至是学者都陌生的人，但历史仍有理由记住他！

现位于杭州西湖区的马一浮纪念馆的大门两侧，刻着梁漱溟先生评价他的八个字：千年国粹，一代儒宗。

有了马爷爷，我们自己的哲学又要开出新的花了！
嗯，华夏文明的长河是不会断流的！

他到底是一个什么样的人？对中国传统文化有着怎样的深情？

其实，如果马一浮生活在清朝以前，那他可能和宋明理学家们一样，是那个时代智慧者中的一员。因为他和张载、周敦颐等人一样，喜欢思考，喜欢探究，喜欢在华夏文明的长河中遨游，他们看上去就是同一类人。

可是成年后的马一浮却生活在民国时代，这是一个因清政府无能，因甲午海战失败，因《辛丑条约》签订而对自身的政治体制甚至传统文化几乎要彻底否定的时代，那时候的主体思潮是向西方学习，学来就用，用以强国。

社会的主体思潮是向西方学习，那他这个流着中国传统血液的纯正的中国文化的继承人自然就显出他的异样来了。

他知道他的异样，但他决定坚持，这就是他一生不理俗务、隐居山林长达33年的根本原因。

他为什么要这样坚持?

他难道不想去学一下西方文化的优点吗?

事实是，他确实用心学过，却依然得出了要培国本仍须在中国传统文化上用力的结论。

等下等下，不是有那么多人都在说西方的技术强吗？西方的政治体制好吗？西方的哲学思想值得借鉴吗？为什么他偏偏不以为然?

其实就在1903年，马一浮20岁的时候，他作为翻译官曾经跟随清政府的参展团去过美国。那时候的他，也是一样的热血沸腾，以为能在美国找到解决中国问题的良药，用他自己的话说就是“万里来寻独立碑”。

那时的他也是一个很激进的年轻人。

一年多的时间里，他流连于美国街头的书店、图书馆，遍读各种国内尚不能见的西方著作，包括《资本论》。

他第一次拿到这本书时，开心得像个孩子，感觉前几天刚得的感冒立即就好了！对了，他就是第一个将《资本论》带到中国的人。

他睁大了眼睛向世界看去，他决意要与旧王朝彻底决裂，他要告别过去的自己，成为全新的马一浮！

但是更加深入地了解之后，美国让他有些失望。

他听说美国圣路易斯大学在举行辩论，开心地前往观摩，没承想人家辩论的题目是“如何瓜分中国”，他气愤极了！一个自由美好的国度为什么对中国存着这样恶的心?

清政府组团参加的博览会开始了，可是中国人得交 500 块美金作为保证金。保证什么呢？保证你只是来参加展览而不是为了做工。美国人还要求进入会场的中国人一步都不能自由行动，否则将会被抓起来。

深感羞辱的马一浮此后离开美国前往英国，他想继续看看西方到底是一个怎样的西方。

在英国，马一浮看到的是一个个被物化的人、一颗颗向外无限逐求的心、一份份挖掘外部世界以满足自己的欲望。他明白了，西方文化在西方人这里其实是知识，是工具，是他们改造世界以便为自己所用的武器。

他接着又去了日本。

20岁出国时，他是一个要告别自己、学习西方的激进青年；两年后归来时，他是一个深信在中国传统文化中能够寻找到答案的“儒学卫道士”。

他越来越明白，西方文明是物的文明，中华文明才是人的文明。人是国本，要固国本，就得培养好的人性，让每一个人都最终成为一个品格完满的人。

先做人，再做事。

其实在这一点上，马一浮和同时期的王国维、陈寅恪是很像的——他们都是在年幼的时候深受中国文化的熏陶；年轻的时候经历晚清、民国，于是抱着热切的希望去西方文化中寻找解救民族的钥匙。但真正了解西方之后他们发现，钥匙不在别处，就在自家的传统文化里！

但是那时候的中国问题已经箭在弦上，谁有时间去等百年树人？

所以从国外回来的马一浮，看明白根本问题所在的马一浮渐渐成了异类。

他知道，但他相信自己的判断。

荒山旧庙的油灯下，他与古人为伍，潜心研究古代学问，《四库全书》等几千册古籍经典他一页页翻过，一字字看过。

李叔同将他引荐给自己的弟子丰子恺的时候说，如果一个人一生下来就开始看书，每天看两本，那他到马先生这个年纪也不会比马先生看的书多。

马一浮就是这样一个人，在大家都面向西方的时候，他却一个人苦苦地、深情地固守着中国文化的根。

他隐居期间，北大校长蔡元培、浙大校长竺可桢等请他出山，他都一一婉拒了。但是1937年抗日战争全面爆发后，他不得不走出书斋，走上了逃亡的路。

后来他曾到浙大讲课，来听课的教授跟学生几乎一样多。他说："天下虽干戈，吾心仍礼乐。"他希望青年人借中华民族深厚之修养，不受环境之陷溺，完成人格建设，堂堂正正地做有责任心、敢担当的人。

他前后在此授课不过一年多，但他在浙大留下的精神一直留存至今；他为浙大谱写的校歌一直传唱至今："大不自多，海纳江河。惟学无际，际于天地。形上谓道兮，形下谓器。礼主别异兮，乐主和同……"

后来，他终于按照自己的意愿创办了一所梦想中的古典书院——复性书院。复性者，恢复人性之本善也。

然而时局艰难，费用筹措更难。马一浮虽然为书院放下自己平生孤傲，卖字为继，书院也还是在一年后形同虚设。

但有一件事，马一浮决心能坚持多久就做多久，那就是刻书。

他说："中土固有学术，将来难免如印度大乘教之落没。然印度经典之亡，中土能传译之。中国学术一旦沦亡，西人无译本，中国人又不能自为之，是诚可忧者也。"

是啊，中国的传统文化、一路艰辛走来的华夏文明不能丢失！

于是他把自己在学习过程中发现的好书、古书，小心翼翼地收集起来，请几个工人一起刻版印刷。

他说，战争总要结束的，战争结束后的人想看书，去哪里找呢？所以我们多刻一版，多印一书，就是给这天地间多留一粒种子……

多印一本书，就是给天下人多留一粒种子！
华夏文明应该传承下去，也一定要传承下去！
马一浮
马爷爷您辛苦了！您喝茶！

1967年辞世前，85岁的马一浮为自己写好了墓志铭——学未足以名家兮，或儒墨之同流。……

他至死都觉得自己的学问还不足以成为一个名家，不过他也尽力理解了儒家、墨家的思想，是和儒士、墨者一样的人。

这样一位眼见过西方文明却选择钟情于传统文化的老者，他到底在中国文化的巨大仓库里发现了什么时人不以为然的宝藏？这宝藏到底有多深多大，让他一生求索，却在85岁高龄仍觉得自己不敢称为名家？这宝藏里到底有没有解决中国问题的良药？

马一浮的思想主要体现在他为复性书院的学生们制定的学规以及他自己亲自编写的6卷教材中。

我们先说学规，也就是说，马一浮理想中的国家栋梁、青年才俊应该具备哪些基本素质?

嗯，八个字：主敬，穷理，博文，笃行。

啥意思呢?

这还真有点复杂，我们慢慢解释一下。

一、主敬为涵养之要。

啥意思?

意思就是说啊，人首先要有志气——志是方向，气是前进的动力；先有志，有志向，有想要做成一番事业的决心。然后需要气。这个藏在心中的志气、远大的志向就像是人以后得以进步的营养池。不管人生遇到什么样的困难、障碍，这个营养池都会始终给人前进的力量。

这个营养池看不见、摸不着，但人自己能感觉到。它像雨露之于草木，像信仰之于人，决定人这一生究竟能够走多远、飞多高。

马一浮认为，其实每个人都有自己的志向，只是很多人的志向后来都被物欲给蒙蔽了，慢慢就忘记了自己的初衷，糊里糊涂地生活下去了。

既然人的志向这么容易被世俗的东西所迷惑，那就应该培植好根本，不断地加进养料。只有持之以恒、永葆初心、永远记得自己的志向，才能不懈怠、不懒惰、不自大，一直努力向前。

好，国家栋梁的第一点素质我们知道了——要有远大且坚定不移的志向！

二、穷理为致知之要。

这又是啥意思?

就是说，你有了成大事的远大志向，接下来就必须开始储备知识。对，有了知识，才能懂得万物的道理。

穷理就是穷极万事万物的道理。嗯，对人生、对世界、对宇宙的道理都能豁然贯通，头头是道，法法全彰，不留余惑，这时才能叫致知。

豁然贯通，就是一下子彻底明白；头头是道，就是能够明白地说出每件事情的道理；法法全彰，就是每一种道理都在你心中彰显出来；不留余惑，就是没有什么疑惑的了。

格物致知就相当于孟子所说的尽心知性。

这个境界要怎么得来呢？

靠读书、靠思考、靠观察、靠融会贯通。

好了，国家栋梁需要具备的第二点素质我们也知道了——要好好读书、勤于思考，弄明白这世间所有的道理。

带着远大的志向，凭着勤奋的思考，收获了各种道理。然后呢？该怎么做？

认知

三、博文为立事之要。

嗯，就是说要善于学习，从史书中学习前人处理事情的经验，从日常生活中学习旁人处理事情的经验，大到治理朝政，小到待人接物，都需掌握关键环节，都有它的处理技巧，这些都需要通过持续的学习获得。

用马一浮的原话说就是:“足以尽天下之事相而无所执碍者，乃可语于博也；足以得举措之宜而不疑其所行者，乃可语于立也。若乃事至而不免于惑，物来而莫之能应，是乃不可与立事，亦不足以语于博文也。”

意思是，学习到最后，天下所有的事情都应该可以迎刃而解，所有的解决措施也都很适宜得当。

哎呀，感觉马校长的要求好高啊!

措施

等下，还没完呢!

四、笃行为进德之要。

无有欠阙(quē)，无有间断，持之以恒，才能说是“笃”；“在心为德，践之于身为行”——要把学到的东西用行动去实践，这就叫行；没有限量，没有穷尽，一直一直实践下去，才能说是“进”；然后“行之积也愈厚，则德之进也愈弘”。就是说，实践得越多，人心里的德行也会越加深厚广阔。

明白了没有?

这其实就是一个循环式上升、螺旋式前进的人生模式。心里的德行越深厚广阔,实践起来就越通顺畅达。就是“实践—学习—实践”的一个循环提高的过程。

实践

小结一下马校长的要求:主敬、穷理、博文、笃行,其实就是说,第一要有远大的志向;第二要好好思考万事万物的道理;第三要学习处理事情的具体办法;第四要持之以恒地实践下去。

如果信心不足了,看不到前进的方向了,就去加强第一个要素“主敬”,扩大这个营养池,让它给你能量。

如果道理糊涂了,就回去看书,读书使人明理。

如果遇到事情不会处理,就去向古人学习,向身边的高人学习。

如果不能持之以恒地实践下去,就问问自己的初心,嗯,想明白了,擦亮初心了,就继续前行。

顺便说一下，当年朱熹为白鹿洞书院制定的学规是：博学之、审问之、慎思之、明辨之、笃行之。仔细比对一下，看来马校长是对朱校长校训的继承和发展哦！

对啊，前面说到的只是一个做学生的基本素质；进了学校之后，马校长上的课程才是重点。

马校长亲自授课，他都给学生讲了些什么呢？

嗯，他讲了什么，就代表他看重什么——这也就是他从古人那里寻找到的珍贵的“宝藏”了。

他是从一个新视角看儒家。他有区别地选用教材，是想引儒家入现代。要特别强调的是，他始终看重儒家崇尚人的道德理性的一面。嗯，这也是他挖掘“宝藏”的核心指标，是他认为改造世界最根本的所在。

先讲人的道德理性，再谈改造社会；先做人，再做事。

【宝藏一：《论语》】

马校长认为，儒家的六艺之学发端于孔子，所以必须从《论语》入手，才能把握儒学的理论实质。

《论语》是孔子言论的合集，记录了孔子对生死、人生、仁、忠恕等诸多问题的看法。读孔子的话，体悟孔子的思想，学习孔子的为人做事的方法，《论语》是最贴近儒家思想本源的教材，也是可以帮助学生主敬、穷理、博文、笃行的综合教材。

【宝藏二：《孝经》】

《孝经》宣扬的主要是孝道观念、孝治思想、宗法等级意识等等，与民国时期的平等、民主的主流思潮格格不入。很多人就不明白了，为什么马校长要挑这个来讲？这不算是宝藏吧？

其实马校长对《孝经》的解读不是这样的。他的解读不同于汉朝的儒学家，也不同于宋明理学家，这些人认为的孝道是“天下无不是之君父”——皇帝和爸爸做什么都是对的，他们就没有错的时候。但马校长的解读是：孝，德之本也。在他眼里，孝是道德、是理性，是人之所以为人的基本原则。

孔子说：“夫孝，天之经，地之义，民之行也。天地之经，而民是则之。则天之明，因地之利，以顺天下。是以其教不肃而成，其政不严而治。”

【宝藏三：诗教和礼教】

马校长认为“今治六艺之学，为求仁也。欲为仁，需从行孝起；欲识仁，需从学诗入”。

意思就是说，咱们现在学习六艺，最终目的就是为了求仁。想要行仁，就要从行品德高尚的事情开始；想要识得仁，就得从学习诗开始。

为什么诗中会有仁呢？

因为艺术只有和道德结合起来才是好的艺术，所以好的诗中一定蕴含着道德的标准。

嗯，那学习什么诗呢？《诗经》吗？

不是的，马校长帮学生们挑选的并不是儒家常用的《诗经》，而是《礼记》中的“仲尼闲居”篇，他看重的始终是儒家崇尚人的道德理性这一面。

通过学诗，知道什么是仁，才能见到自己的初心；见到初心，才能有机会达到存天理灭人欲的境界——注意，存天理灭人欲的本质含义是，人要将天地之间的道理放在心中，将多余的、虚妄的、过分的欲望灭掉。

怎么灭？靠礼教！

礼教是什么呢？就是礼仪教化，识别仁之后就要去做、去实践！

【宝藏四：《洪范》】

马校长完成学生的道德建设后，开始关注为政以德。

嗯，做好了人，现在要来做事！

《洪范》是《尚书》中的一篇，据说是出了名的难读难懂，但马校长读懂了，而且有自己的见解。

他推翻了自汉朝董仲舒以来的儒家对于《洪范》的解读，认为《洪范》里面所讲的政事，其实都是在说德；离开了德教，所有的政事都没有办法施行，所以儒家才一直说为政以德。也就是说，治理国家是要符合伦理标准的，政治与伦理是统一的。

马校长还说："至于后世，史乘绵绵，虽未尝一日无君，然无其德而居其位，虽虚有君名，君位犹之虚悬也。"凡是不能施行德政的，即便你坐在皇帝之位上，在马校长看来，皇帝位上依然没人——再论德政的重要。

嗯，他从这个视角为学生们讲解，让学生们懂得为政的方法。

【宝藏五：《易》】

传统的儒家认为《易》是六经之首，马校长却认为它是六经之终。为什么呢?

我们先说说《易》。传统的易学包括《易经》和《易传》两部分的内容。马校长看重的是出自孔子之手的《易传》，他认为正是因为《易传》的出现，才把易学由卜筮（shì）之书变成了义理之书，从而建立起完备的儒家“易教”体系。

什么是义理? 就是总结天地之间万事万物的规律，也就是各种道理。马校长把“易教”放在最后，意思是说，你思考了、学习了，也实践了，现在该来好好总结一下这宇宙间的大道了。

传统儒家是先让人体会大道，然后再开始学习、实践。嗯，其实都各有道理。可能有的人适合先学习实践后总结，有的人适合先总结后实践吧。

好了，马老师授课的内容大概就是这么多了。有人就问了，马校长会不会也给学生讲西方哲学呢？毕竟他在美国、英国也读了那么多英文原著。

会吗？

据说当时马校长是想请人来开一门西方哲学课的，但因为没有找到合适的老师，只好作罢。马校长曾这样说："探究西方学术，须得其人，又有余暇从容将事。今译述芜杂，不堪入目。"当时学界的思潮是一股脑儿朝西方奔去，你捡一块，我拾一本，然后匆匆忙忙拿回国内，情急之中，错漏应该也是常有的。

退一步来说，就算翻译得全都得体妥当，西方哲学就这样值得全套照搬吗？

不是的！

马校长的意思是，稳固国本最重要的仍在性（尽心知性的性，明心见性的性），而西方人不知有此性，西方人的语言中没有可以与中国人说的这个性准确对应的词，要翻译，就很难。等到西方人能读懂中国的古书，才能明白这个道理。

等下等下，西方船坚炮利难道不是事实吗？鸦片战争失败、甲午海战失败难道不是事实吗？

确是事实。但马校长的意思是，现今西洋各国以大力竞争工商业而求富，因而不得不求资源，又不得不争市场。为了争市场、夺资源、保利润，就要大量养兵（比如鸦片战争、甲午中日战争、八国联军侵华等等，都是为了占领中国的市场。商人没有力量来占领，只有坚船利炮和军队才可以）。这样一来，在工商业中赚取的利润又在养兵及制造坚船利炮时消耗掉了。

马校长的观点是极为睿智的，曾经在世界范围内的角逐中处于领先地位的荷兰、西班牙都是迅速崛起又迅速衰落，这种短时期内靠强大军事实力获得的暴利终究是不合理的，也不可能长期拥有。

当然西方技术先进这点是无可置疑的，大炮本身没有错，关键看人怎么用它。

中国人崇尚的是，王者之师，有征无战，故兵宜备而不用。真正的王者就是有兵而不用。那靠什么征服天下呢？靠德，以德服人！

最最根本的事，解决国家问题最最需要的，仍然是培养人之本性！

这就是马校长在中国传统文化中找到的解决中国问题的

钥匙。这把钥匙西方人那里没有，大家就别忙着去那里翻找了，钥匙就在自己家里呢！

马校长的观点到底正确与否，在当时还看不出来，答案写在马校长去世十几年之后的时光隧道中。

20 世纪 80 年代的寻根热、90 年代开始在全国蔓延至今未见其衰的国学热，就是对睿智的马校长曾经用心思考的热情回应吧？

历史的潮流将要走向何方，有时只有为数极少的人才能看得清楚。我想，马校长就属于其中之一。

第二节 中国最后一位大儒梁漱溟

梁漱溟比马一浮小 10 岁，他出生于 1893 年，也是成长于晚清到民国这一段时间。

晚年的梁漱溟在接受美国汉学家艾凯采访的时候曾经说起马一浮:“讲中国的老学问,读书非常多,特别是中国的老书,他见得多，并且熟悉，很通达，并且他对东方的学术，儒家了、道家了、佛家了，他好像都很通，马先生可以说是我很佩服的一个人。”

被尊为中国最后一位大儒的梁漱溟也喜欢读马一浮的著作，读到欢喜处，还喜欢在字里行间写下自己的感悟。

比如马一浮这一句“儒佛等是闲名，心性人所同具”，梁漱溟就在旁边这样写道：

此语真好！儒也，佛也，都是不相干的名词或称谓。但生而为人，如果想要明白人心人性是如何的，却不妨向古儒家古佛家去探讨探讨。假如资借古人而复得有己，那么，这些透悟便是自己之所有，更不须说儒说佛——当然说儒说佛亦自不妨耳。如我夙日所指出东西学术是分途的，近世西洋人站在人生立场向外察物，发展了利用厚生之学，而古东方人如中国如印度却反躬内省乎人类生命，分别成就得儒学和佛学，为此学术发展之先导。质言之，他们都是人类未来文化之早熟品。他日学术风气转变发达，对于人类生命有深澈认识之时，古儒家古佛家所发明之学理及其应用，将逐一为世所公认且加发展，而儒佛之名却不须存矣。

如此看来，梁漱溟虽然比马一浮小，两人的观点却基本是一致的。嗯，怪不得他们能同时站在中国哲学的长廊之中，回望这一程思索。

我们甚至可以预想这样一个场景——他们两人回望了那条长廊许久，然后对望一笑，多少深意，都在这一笑中传达过去了……

他们两人在现实中见过面吗？

见过的！

《马一浮先生语录类编》中就记载了一次他们见面的场景："一九三二年梁漱溟先生谒先生时，先生问梁先生最近做何事业。梁先生因谈论乡村建设之理论与心得，滔滔不绝。既出，先生谓以风（当时在场的另一个朋友）曰：'梁先生有辩才！'"

通过这件事，也大略可以知他们两人性格的不同——马一浮是沉稳执着的，梁漱溟是积极热情的——当然也与年龄有关，当时马一浮 49 岁，梁漱溟 39 岁。

两个回望者之间的关联我们就说这么多，接着我们专心来说梁漱溟的人生故事和他对中国哲学的思考。

梁漱溟出生时正是洋务运动开展得如火如荼（tú）之际。两年后的 1895 年，甲午战争失败，国人手掩其面沉痛思考，正是在茫茫大雾中寻找前路的时候。

那时候的梁漱溟还小，不太能够体会身边人的痛苦。但他的父亲、大知识分子梁济日夜为国为民费心思量，他愁眉不展的样子对小小的梁漱溟产生了深刻的影响。

十三四岁时，梁漱溟考入顺天中学。

他看到家里的用人天天做饭、洗衣服忙来忙去，就问他们辛不辛苦。他们都说习惯了，脸上还挂着知足的笑容。

梁漱溟想不通，这样过生活怎么会知足呢？

梁漱溟家境富裕，父母又疼爱他，除了上学读书基本不用操别的心，可是他的心仍是苦闷的，连他自己也不知道是怎么回事。

后来他想明白了，原来人生的苦乐不在环境，而在自身，在主观，在内心层出不穷的欲望。第一个欲望满足了，第二个欲望又来了，而欲望终究是无法全部满足的。所以，人生的正路在哪里呢？

人生正路
梁漱溟
他在考虑以后的人生正路啊！
他为什么不睡觉啊？

后来，他开始接触到佛经，佛经的解说正合了他对人生的认知。18 岁时，他拒绝了病重的母亲为他安排的婚事，他已经想好了要入佛家。

20 岁开始，他专心研读佛经，长年吃素食，俨（yǎn）然就是一个住家的和尚。

他说："我是一个佛教徒，从来没有向人说过，怕人家笑话。一个人有今生，有来生，有前生。我前生是一个和尚，一个禅宗和尚。"

后来，因为在报纸上发表了一篇极为精彩的文章，他被北大校长蔡元培请到北大去做教授，主讲哲学。

知识分子的圈子对梁漱溟的影响很大。用他自己的话说就是，同知识分子在一起，难免就有知识分子对知识分子的这种好胜，就是彼此较量。有了这个好胜较量的意思，心就不安静了，和尚做不好了。

他入了北大，也读《论语》。他自己说，佛经里说人生处处都是苦，可是《论语》里却说人生有很多乐——"有朋自远方来，不亦乐乎？""一箪食，一瓢饮，在陋巷，人不堪其忧，回也不改其乐。贤哉回也！"他觉得说法很不同这件事很好玩，于是仔细研究下去。

25 岁那年，发生了一件事，彻底改变了他的人生方向。

1918 年 11 月 7 日早晨，父亲要出门去找朋友，碰上梁漱溟，二人谈起关于欧战的一则新闻。

父亲说：能好就好啊！之后就离开了家。

3 天后，父亲投净业湖而死。

梁漱溟后来回忆起与父亲的最后一次谈话，感慨颇深。他说："父子最末一次说话，还说的是社会问题。自从先父见背之日起，因他给我的印象太深，事实上不允许我放松社会问题，非替社会问题拼命到底不可。"

自此，他从自我解脱之路转向助人解脱之道，这便是由入佛到入儒，从出世到入世。

他既是打定了主意要入世，这一入，就是近 70 年，不曾后退。

后来，已经耄耋(mào dié)之年的他，感受到死亡的催逼，但他说："我不能死。我若死，天地将为之变色，历史将为之改辙。"

有人说他太过狂放，可大部分人还是喜欢他这样特立独行、一身傲骨、不趋炎、不附势，称他为"中国的脊梁"。

他曾经对他的两个儿子说："前人云：'为往圣继绝学，为来世开太平。'此正是我一生的使命。"

他一生爱好思考，别人的履历表上填的爱好是打球、诗歌，他填的是"思考"。他说："我虽不讲学问，却是眼睛看到的，耳朵听到的，都被我收来，加过一番心思，成了自己的思想。"

他只有中学文凭，却在20多岁时被聘入北京大学担任哲学系教授，主讲印度哲学。

入世的梁漱溟后来又辞去了北大教授之职，因为他认为中国所有问题的根本都在农村，农村经济发展上去了，农民的素质提升了，问题大概就可以解决了。

他争取到当时政府的支持，满怀激情地去到山东邹平，建立起乡村建设研究院，认认真真搞起了改良和建设。

在他的带动下，学校建立起来，农民的孩子们进了学堂，农民们也拿到一些补助金搞起了手工业。

他是要将自己在读书中的发现、在思考中的结论，在这里全部实践一番。

他的理论依据就是：只有孔子的治世之道才能改良出一个好的新农村。

正在梁漱溟努力耕耘、实践的时候，抗日战争爆发了，他不得不离开这片寄托了他梦想的土地。但直到1988年的弥留之际，他还记挂在心，嘱咐将自己的骨灰安放于山东邹平，他的生平纪念馆就坐落于邹平一中图书实验楼。

1980年以后，他出任宪法修改委员会委员，后任中国孔子研究会顾问。

1988年6月23日，梁漱溟去世。他留给世人的最后一句话是：“我累了，我要休息！”

这就是赤诚坚毅的梁老！

从晚清、民国到新中国成立初期，中国文化已经风雨飘摇。许纪霖先生认为，在这一个紧要关头，正是梁漱溟自觉承担了“中国文化托命之人”的角色。

作为中国文化的托命人，他又从这华夏文明的长廊里发现了哪些宝藏呢？

梁漱溟一生最关注的，是两个最重要的问题：一是人为什么活着；二是中国将向何处去。

这是两个非常大的命题，也是极为重要的命题。在回答这两个命题的过程中，梁漱溟其实是融合了儒家思想与佛家思想的精华，找到了自己的答案。

我们先来谈中国将向何处去的问题。

中国要向何处去？是回归自己的传统文化还是全盘西化？

全盘西化是不可能的，文化基因不同，民族特性不同，拿来主义经常会“水土不服”。

嗯，那就还得从自己的传统文化中寻找线索。

好，那就得安下心来，好好研究一下传统文化的内容，或者说，有哪些文化的核心要素是可以继续发挥作用的？有哪些确是需要摒（bìng）弃的？

我们去看看梁老的总结。

【其一：伦理道德是中国人的精神核心】

中国人隐忍勤劳的形象在各国的文学作品中均有体现。广袤（mào）的土地，繁多的人群，在没有科学，知识未充富、理智还未通达起来、征服自然的能力还不足的古代，在靠天吃饭的长达几千年的农业文明中，中国人是以什么作为精神核心的呢？

靠道德，靠儒家思想！梁漱溟在《人生的三路向》中说："中国是以道德代替宗教的。"

中国人靠的是内在的协调力，是人的理性形成的一种社会秩序的共识，这与宗教依靠戒律来建立秩序是两条完全不同的路径。前者是自信，后者是他信；前者靠自力，后者靠他力。他说："儒家完全信赖人类自己，这在古代，除了中国，除了儒家，没有谁敢公然这样主张。"

所以说，中国文化是向内看的——意欲向内，如果现实达不到自己的期望，就说服自己，自我调和到一种平衡的、平静的状态；而西方文化是向前看的，他们习惯于改造世界为己所用，将意欲充分展现并想办法达成愿望。

【其二：家庭文化】

先看看西方的状态：中世纪前后的西方，强调的是集团主义和强硬的宗教戒律；后来的西方，崇尚的是自由的个人主义。当西方在集团与个人之间来回选择的时候，中国却选择了居于集团与个人之间的家庭。

中国人一直以家为组织单位。“家和万事兴”“一人之罪，诛灭九族”……中国人向来都是轻个人而重家族，先家族而后国家。家族本位为中国文化的特色之一。

梁漱溟在《中国文化要义》一书中说道：“家庭生活是中国人第一重的社会生活；亲戚邻里朋友等关系是中国人的第二重社会生活。这两重社会生活，集中了中国人的要求，范围了中国人的活动，规定了社会的道德条件和政治上的法律制度。”

梁老还有句话说得极好：“盖人生意味最忌浅薄，浅薄了，便牢拢不住人类生命。”

中国人的家庭伦理，超越个人而拓远一步，使人从较深较大处去寻人生的意义。家庭文化才是中国传统文化的内核所在。

【其三：中国民族性的缺点】

中国人的优点很多，但缺点也不少。比如不讲公德、缺乏公共观念、缺乏国家概念、缺乏纪律习惯、公共场所没有秩序、缺乏组织能力、缺乏法治精神、缺乏创新精神等等。

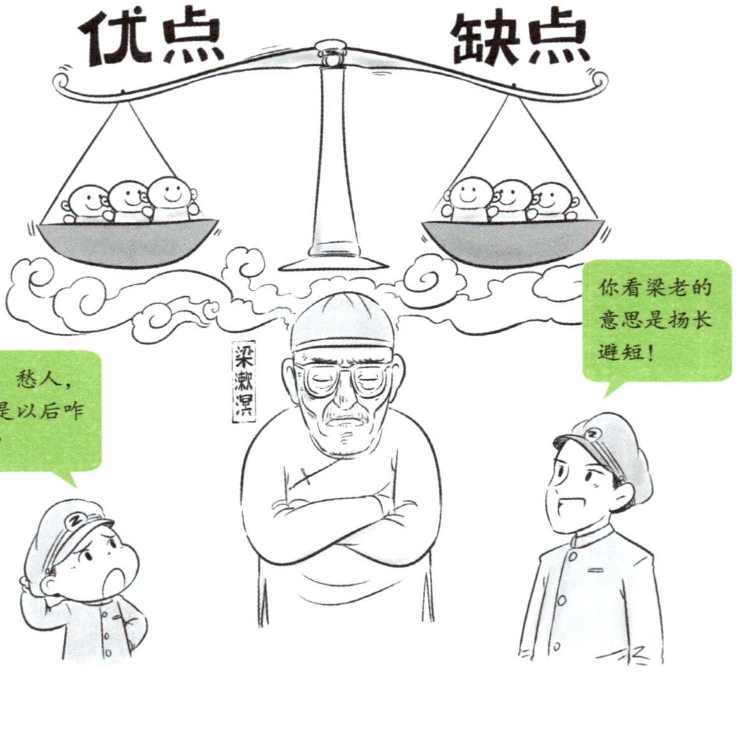

这些缺点，是因中国人一直缺少集体生活所致。它们在很大程度上阻碍了中国进入现代社会的步伐。

梁漱溟在认真分析论证之后得出自己的结论：国人若妄想离开旧的一切，凭空建设新的，是不能成功的。也就是说，全面西化是不能的。所以只能立足于中国传统文化，建设“新中国文化”。

怎样才算新？具体途径又有哪些呢？

第一，发挥固有精神引进团体组织。

“中国之病，一在散漫，二在被动。”怎么治呢？

用个人与团体的关系来治散漫，增强民众的向心力。

一句话：“团体要尊重个人，个人要尊重团体。”

具体来说，大家要以团体为重，团体的事要靠大家，大家也得靠团体。如果一个人只图自便，不热心团体的事，最后团体散了，对大家也不是好事。

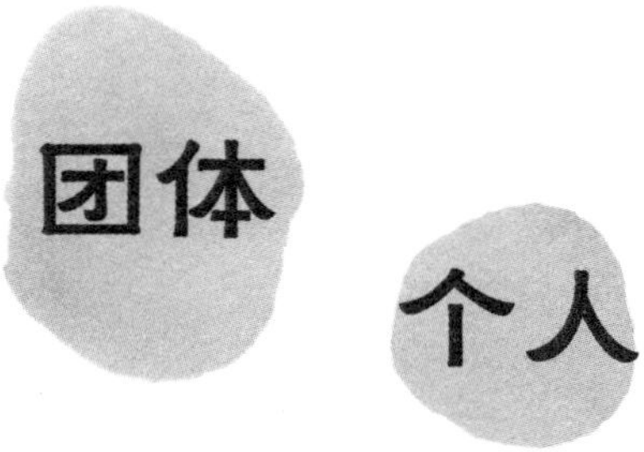

好，那被动之病怎么治呢?

团体要尊重个人。

团体遇事要公开讨论，以求多数人的理解与支持，又要力求使更多人来监督团体之事，引导大家从被动转为主动。

团体的操作大概知道了，那还有一个问题是：什么叫发挥固有精神?

就是发扬中华民族固有的“人生向上”的精神。

什么叫人生向上?

就是好好学习、天天向上，就是人生在世就要好好努力、好好活着的意思。

也就是说，在建设团体的过程中，要使大家明白：我们结成一个团体，是为了“齐心学好，向上求进步”，是为了把日子越过越红火。

为了达成这个目标，大家要心往一处想，劲往一处使。所有人一起努力，没有办不成的事。对，绝不能做拖后腿的人，一人不好，连累一家；一家不好，连累一村!

团体的建设就极其需要这种“向上”精神的引领。

这种向上的精神是儒家思想的重要内容。它流淌在每一个中华儿女的血液里，在现代社会的建设中，要将它充分发挥出来!

第二，让团体组织运用科学技术。

科学技术是个好东西。比如，没有蒸汽机的发明，怎么会有工业革命？

团体组织也是个好东西，它能产生凝聚力，让一加一产生大于二的效果。

这俩虽然好，但在资本主义国家那里没有被用好。

为啥呢？

因为科学技术大都掌握在私人资本家手里，所以由其产生的大部分利益全部流入了资本家之手，国家虽然也有进步，但不免为少数资本寡头所左右。

我们一定要把这两者好好结合起来，加以善用。

中国向何处走的事儿说完了，现在说说个人。

梁漱溟毕生关注的第二个问题：人为什么活着？

“人生的三路向”是他给这个问题的答案。

梁漱溟说的人生三路向，其实是指人生的三种态度。

他说：“‘人生态度’是指人日常生活的倾向而言，向深里讲，即入了哲学范围；向粗浅里说，也不难明白。依中国分法，将人生态度分为‘出世’与‘入世’两种，但我嫌其笼统，不如三分法较为详尽适中。”

这三种人生态度便是：逐求，厌离，郑重。

【人生三路向之一：逐求】

什么是逐求呢?

就是人对各种欲望追逐索求，不能停止。比如各种好吃的、好看的、好玩的，名利、金钱、权力等等。欲望不止，“奋斗”不息，以实现种种欲望为人生前行的全部动力。

这种人和其他的生物其实没有什么区别。

抱着这种态度活着的人，中国有很多。

但梁漱溟认为，能够将这种生活态度彻底做到家、发挥到最高点的，是近代的西洋人。“他们纯为向外用力，两眼直向前看，逐求于物质享受，其征服自然之威力实甚伟大，最值得令人拍手称赞。”

【人生三路向之二：厌离】

以实现欲望为目标，奋力前行的人中，会有一部分人偶尔停下来，冷静地观察自己。

当他们转回头来冷静地观察曾经的生活轨迹时，通常会生出人生太苦的感叹。是啊，为什么要那么辛苦呢？难道人生的意义就是为了追求这些吗？人到底为什么活着？

这样想的时候，这些人经常会感到人生实在太没意思、太没意义，于是，便产生出一种厌离人世的人生态度。

厌离，就是觉得厌倦，想要离开。

这种态度，或者说感触，几乎人人都有过。不同的是，有的人感慨完毕又重新走上追求欲望的路，有的人感慨之后便看破了红尘。

将这种厌离的人生态度最大程度予以发挥、发挥得最为通透的，就是佛家。

【人生三路向之三：郑重】

什么是郑重?

它的本义是“严肃认真”。

梁漱溟的“郑重”说的却是人要将全副精神用来照顾当下。什么意思呢?

他是希望大人也能像小孩那样活着——他们能将全部的精力放在当下那一刻，无前无后、一心一意；他们还不知道回头反看，只是一味听从于生命自然的发挥。

他说:“儿童对其生活，有天然之郑重，与天然之不忽略，故谓之天真;真者真切，天者天然，即顺从其生命之自然流行也……我之所谓‘郑重’，实即自觉地听其生命之自然流行，求其自然合理耳。‘郑重’即是将全副精神照顾当下……更深而言之，从反回头来看生活而郑重生活，这才是真正的发挥郑重。这条路发挥得最到家的，即为中国之儒家。此种生活态度亦甚为简单，主要意义即是教人‘自觉的尽力量去生活’。”

人在逐求的同时，很容易回头反观。有的人在反观后，思考的念头一闪即过，接下来仍去逐求；有的人则悲从中来，感受到人生的无意义，于是彻底厌离，走向宗教；还有一部分人，看明白人生的无意义，却仍然选择自然、郑重地生活下去，创造属于自己的意义。

三种人生的态度，三条人生的路向，其每种态度又有浅有深。

总的来说就是：逐求是世俗的路，厌离是宗教的路，而郑重则是儒家的路。

你要走哪条人生路?

逐求
厌离
郑重
那你呢？你选哪条？
大哲，我知道你肯定会选儒家的路！

第三节 再次深情回望

梁漱溟穷尽一生的精力，回答了“中国向何处去”及“人为什么活着”这两个重大问题。

你有没有在他的答案里悟到国家的未来、找到自己的未来?

他和马一浮先生是中国古代哲学的回望者，也是未来之路的思考者。

不过梁漱溟看到了寻根热、国学热，他应该会比马一浮幸福一点，因为毕竟，延续了几千年的华夏文明并没有断裂，它只是接纳了更多，也自我更新了很多。嗯，它不仅在中华大地上茁壮成长，还走出国门，走向了全世界!

官方数据显示：截至 2020 年 7 月，中国已在 162 个国家和地区建立 541 所孔子学院和 1170 个中小学孔子课堂。

古老而弥新的华夏文明，一路流转的哲学长廊，将伸向更远的远方……

中国国学大师季羡林认为，人类自有历史以来，一共形成了四个文化体系：一是中国文化；二是印度文化；三是从古希伯来起经过古代埃及、巴比伦到伊斯兰阿拉伯文化的闪族文化；四是肇（zhào）端于古希腊、罗马的西方文化。前三个属于东方文化体系；第四个属于西方文化体系。从世界历史的发展来看，二者的关系是“三十年河东，三十年河西”。

他说，曾经的主流是“河东”，也就是以整体思维方式为主基调的东方文化；而鸦片战争（1840年）以后直到目前的主流是“河西”，也就是以分析思维为主基调的西方文化。到21世纪，以分析为基础的西方文化将衰微，以综合为基础的东方文化必代之而起。

鸦片战争之前以东方文化为主，鸦片战争之后到现在是以西方文化为主，这是真的吗？21世纪西方文化将逐步让位于东方文化，这又是真的吗？

一段时间以东方文化为主，一段时间以西方文化为主，这在历史上是真的吗？
你看歌德对中国文化的评价……

德国著名诗人歌德在1827年的一次对话中说道（请大家想一想这个时间，这仅仅是鸦片战争之前13年。这个时候西方人对中国的态度是这样的赞叹肯定）：“中国人在思想、行为和情感方面几乎和我们一样，使我们很快就感到他们是我们的同类人，只是在他们那里，一切都比我们这里更明朗，更纯洁，也更合乎道德。……他们还有一个特点，人和大自然是生活在一起的。……许多典故都涉及道德和礼仪。正是这种在一切方面保持严格的节制，使得中国维持到几千年之久，而且还会长存下去。”

果然高手就是高手啊，寥（liáo）寥几句就参透了华夏文明的本质。

我们再举第二个例子，就是居于欧亚大陆之间，一直充当着东西方文化中介站的古代阿拉伯人对东西方文化的看法。在阿拉伯有一句流行的古语是这样说的：希腊人只有一只眼睛，唯有中国人才有两只眼睛。

见惯了中西方文化的他们为什么会这样说？

其实在18世纪之前，确实是中国人发明了大部分生活用品的制作技艺，丝绸的、茶叶的、瓷器的、造纸的等等。作为中西商品的贩卖者，作为中西文化的接纳者、鉴别者，古阿拉伯人最明白谁的产品更加值钱、谁的技艺更为叫绝、谁的文化更胜一筹。中国人除了研究实用性，还追求实物本身的美观、和谐。

好吧，既然东方文化这么完美，为什么19世纪中期东方文化会向西方文化低下那高贵的头颅？

这一切改变的源头是工业革命。从那之后，西方人通过卓绝的努力开始在技术上占据优势。当然，技术的优势到文明的优势还有很漫长的路要走，这一路又是怎么走过来的呢？

历史性的改变是1840年鸦片战争的爆发。

这场战争彻底改变了东西方的优势地位。西方人不禁会想：原来我们的先辈在心里一直赞叹着的东方文明竟是这样的不堪一击啊！

当然，不堪一击确是事实。但这不堪一击并不能否定中华文明以往的高度；这不堪一击也不应该让当时的西方人否定自己先辈曾经的判断；这不堪一击更不应该让我们妄自菲薄，忘了自己曾经真实的高度。

1914 年，第一次世界大战爆发。这其实是历史对意欲向外不断夺取的西方文明敲响的一次警钟。但遗憾的是，丧生 1000 多万人的世界级战争并没有让多少人觉醒。

二十世纪三四十年代，法西斯思潮抬头，直到发展成为第二次世界大战。这是西方文明的一次内部冲突与掠夺，这是历史对西方文明敲响的第二次警钟（尤其是德国，战后的德国人开始思考自己的文化是不是有致命的缺陷）。然而整个西方世界意欲向外的脚步没有停止，西方文明以物质上的绝对优势地位继续席卷全球。

那么，在中国这一方呢?

中国是如何慢慢接受西化的?

这个问题我们在前面已经多次涉及。

鸦片战争是一次教训，于是大家开始学习造坚船利炮；但甲午海战失败，才发现坚船利炮后面还有更深的东西要学，于是学政体，搞立宪，忙了几十年，也没有立起来；又发现政体还是表面，重要的是哲学，也就是西方人的精神，于是继续学……

关于这个问题马一浮和梁漱溟都已经做了很多探讨。我们还想说，西方文化在占据了300多年的优势之后，是否遇到了一些用他们的思维方式根本就不能解决的问题，比如一战、二战?

比如，西方文化是以分析为基础的，那么物质真的可以无限细分下去吗?有科学家提出“夸克禁闭理论”，夸克是构成物质的最小单位，到夸克，就已经无法再分下去。

再比如，西方人意欲向外型的征服自然的思维方式，又能征服多久?当自然被破坏到要向人类报复的时候，结果会怎样?

国学宗师钱穆先生认为：“最近五十年，欧洲文化近于衰落，此下不能再为世界人类文化向往之宗主。”

那么接替西方文化的，就一定会是东方文化吗?

当然，就人类文明史而言，有东方文化体系和西方文化体系。当西方文化体系遭遇困境的时候，我们会自然地转向与其思维方式完全不同的东方文化体系。

那么问题来了，被西方文化占尽优势300年之后，东方文化还有没有活力来到舞台中央担任主角?

它有吗?

英国历史学家汤因比曾经说:“死亡确是每个文明所面对着的一种可能性。”其实也就是说，每一种文明都有可能消亡。人类历史共产生过20多种文明（如玛雅文明、古巴比伦文明、赫梯文明等），大多数文明已经消亡的事实或许就说明了这个道理。

对，文明其实和其他事物一样，也会经历起源、生长、繁荣、衰落、解体等过程。

那么，延续了几千年的华夏文明为什么至今还在存续呢?它到底有什么秘诀?

秘诀在于“输液”！

是的，华夏文明在几千年的发展过程中，有过几次“输液”的过程，正是这几次“输液”，使得它能够保有青春，仍存活力。

第一次是佛教思想的传入，更准确地说，应该是交流，后来成为著名的禅宗一派；

第二次是明朝开始、清朝鸦片战争前后较为集中的西方思想的传入，如严复等人对西学的翻译介绍；

第三次是新文化运动。新文化运动是中国近代史上一次空前的思想解放运动，提倡民主与科学。鲁迅等人的文学作品深刻地揭露中国国民的劣根性，在全国引起了一场大范围的反思。

这些“输液”、反思都是好的，再加上华夏文明符合宇宙大道的主基调，它才得以生生不息。

而这一切，西方文明却几乎没有，这恐怕也是东西方文化成长过程中最显著的区别吧?

深情回望之后又看今朝——孔子学院的兴盛，中文热度的增加，共建“一带一路”倡议的成功，都是东方文化即将登临舞台中央的明证！

我们相信，古老而弥新的华夏文明，一路流转的哲学长廊，必将伸向更远的远方……

爸，妈，我们回来了。
你们去哪儿啦？快进来洗手。开饭啦！
姐姐！我想死你啦！
姐姐也想死你啦！

后　记

最想说的话就是：大哲小哲你们辛苦啦！跟随着大哲小哲这一路的小朋友大朋友们，你们也辛苦啦！

古往今来，人间天上，当我们探身到历史的长河里，才知道原来曾有那么多的人，他们一个个出现，像火炬手一样，绵绵不断地传递着照耀世界的火种。他们出身不同、视角不同、脾性不同，但勤于思考的心相同，为了人类幸福的愿望相同，追求更好未来的心意相同。

我们跟随着大哲小哲的脚步，和他们一起聊天、一起发呆、一起思考，这一路走来，或许心情变沉重了，但眼睛却变亮了。如果把心比作一盏灯，这一路的收获就是丰富的灯油，这灯油点亮的光就是你眼中智慧之光！

但愿这智慧之光，好好地照亮你长长的人生！

魏雁

老子说："天地不仁，以万物为刍狗。"作为刍狗，我却被赋予了观看蓝天白云的权利。人生没有意义，因为"意义"二字本是人造的。但是如果换一种方式想，既然人类能造出"意义"，那么其内容物本该为人类所特有。意义是人创的，但不该因为意识到这点就垂头丧气——虽然甚至不如一片树叶那般真实，但意义毕竟可以依靠。我终究无法像只绵羊一样仅靠本能活着——那样想必很快乐。但是明知得不到快乐，也要快乐。木心先生曾说这是悲观主义，我却奉以为人生中一半的真谛。

特约编辑 牧羊人